国家社会科学基金一般项目（21BGJ056）

RCEP+东北亚

促进东北经济外循环

大连

图书在版编目（CIP）数据

RCEP+东北亚：促进东北经济外循环 / 施锦芳，赵雪婷著. —大连：东北财经大学出版社，2025.3. —ISBN 978-7-5654-5535-3

Ⅰ.F753；F127.3

中国国家版本馆CIP数据核字第2025X15K54号

东北财经大学出版社出版发行

大连市黑石礁尖山街217号　邮政编码　116025

网　　址：http://www.dufep.cn

读者信箱：dufep@dufe.edu.cn

大连图腾彩色印刷有限公司印刷

幅面尺寸：170mm×240mm　字数：174千字　印张：13.5

2025年3月第1版　　　2025年3月第1次印刷

责任编辑：李　季　　　责任校对：刘贤恩

封面设计：张智波　　　版式设计：原　皓

定价：68.00元

国家社科基金一般项目：

以"RCEP+东北亚"促进东北经济外循环研究

（21BGJ056）

东北财经大学上海合作组织研究中心

（教育部国别和区域研究备案中心）

当今世界正经历"百年未有之大变局",经济衰退风险与不确定性因素显著增多。党的十九届五中全会提出"当前和今后一个时期,我国发展仍然处于重要战略机遇期,但机遇和挑战都有新的发展变化"。因此,必须加快形成以国内大循环为主体、国内国际双循环相互促进的新发展格局。RCEP的签署是中国扩大开放的明证,为东亚区域经济合作打开了大门,且实现将中日韩纳入一个区域经济协定的新突破,特别是中日、日韩首建自贸区,这将有助于清除中日韩FTA合作障碍,助推东北亚区域经济一体化建设。随着以区域合作为特征的经济全球化趋势愈加明显,中国东北作为中国向东北亚区域对外开放的新前沿,近年内部改革成效显著,"内循环"为"外循环"奠定良好基础。基于此,本书通过探寻"RCEP+东北亚"推进东北经济外循环的路径,使中国东北充分释放向东北亚开放潜能,深度融入全球化,实现东北经济高质量发展。

多年来,RCEP、东北亚区域经济合作以及东北振兴等一直是学者们关注的焦点。围绕这些主题结合不同时期全球政治经济形势、国家政策及东北亚局势,研究重点和领域各有侧重,这些研究主要基于RCEP签署的多重溢出效应、"RCEP+东北亚"区域合作基础以及中国东北经济外循环空间潜力等领域，为本书进一步展开提供了丰富的素材，但现有研究仍存在实现路径不明确、未涉及"RCEP+东北亚"的联动路径和行动逻辑等不足。因此，本书将RCEP与东北亚区域相结合，考察"RCEP+东北亚"促进东北经济外循环的内在机制与路径。

本书的研究思路按照"研究基础及文献梳理—现状及特征分析—实证分析—推进机制—对策建议"这一结构顺序逐步展开，共分为7章，各章安排如下：

第1章为绪论，主要介绍本书的研究背景、研究意义、研究框架与主要内容、研究方法、创新与不足等。

第2章为国内外研究现状，对关于RCEP、东北亚区域经济合作以及中国东北经济外循环等既有研究进行梳理并作出评述，为本书的后续研究提供坚实的理论依据。

第3章为RCEP对中国东北经济的重要性，首先梳理归纳RCEP规则的内容及特征，其次根据收集整理的数据分析中国东北经济及对外经贸合作现状，进一步结合数据分析中国东北与RCEP成员国经贸合作状况及特征，最后以中国东北为例考察RCEP规则在中日养老合作中的具体运用。

第4章为东北亚四国（俄罗斯、日本、韩国、蒙古国）对中国东北经济的重要性，使用定性分析与定量分析相结合的方法，首先阐述了中国东北与东北亚四国经贸合作现状及特征，再构建模型运用实证分析方法测算了中国东北与东北亚四国的贸易效率及贸易潜力。

第5章为"RCEP+东北亚"下推进中国东北经济外循环，先描述分析了"RCEP+东北亚"经贸合作现状，并使用随机前沿分析法衡量了东北亚国家对RCEP成员国的出口贸易效率，最后根据上述统计与实证结果，提出"RCEP+东北亚"下中国东北未来在区域合作领域的发展路径。

第6章为基于RCEP的东北亚区域合作与中国东北经济推进机制，研究重点在于探究其推进机制。首先，这一章对东北亚区域经济合作进展进行评估，为后一节研究RCEP对东北亚区域合作的推进机制提供了基础。其次，对RCEP与东北亚区域合作区间的机制安排、推进方向与路径、中日韩FTA建设等方面提出建议。最后，根据RCEP中的章节与规则探究了基于RCEP规则的中国东北经济与产业的推进机制与方向。

第7章为基于"RCEP+东北亚"推进中国东北经济外循环的对策建议，根据上述章节的理论与实证分析结果，这一章提出了具有针对性的建议：一是扩展和延伸中国东北与"RCEP+东北亚"各国既有合作，二是通过"RCEP+东北亚"联动促进中国东北经济外循环。

本书的主要结论可以概括为以下三个方面：

第一，随着中国对外开放水平的提高，中国东北与RCEP成员国之间的贸易规模不断扩大、投资合作逐渐增多，而且RCEP还为中国东北经济发展带来了重大机遇。研究表明，贸易方面，2013—2022年，中国东北与东盟的贸易规模呈波动上升趋势，东北向东盟国家出口产品主要为钢铁、机电产品、运输设备等制成品，从东盟主要进口加工贸易原材料或者初级产品；中国东北与东盟的贸易占比地域差异较大，辽宁与东盟的贸易规模远超过吉林、黑龙江和内蒙古；中国东北对日韩两国贸易规模在RCEP成员国中位居前列，其中，辽宁对日韩两国进出口贸易总额远高于吉林、黑龙江和内蒙古；东盟与吉林、黑龙江与内蒙古的贸易规模不断攀升，常年保持顺差状态；2013—2022年，中国东北与澳大利亚和新西兰的贸易规模较小，波动较为剧烈，且中国东北处于严重的贸易逆差状态。投资方面，中国东北与东盟双向投资规模较小，其中与新加坡的双向投资互动频繁；中国东北与澳大利亚和新西兰的投资合作较少，投资规模和占比也较小；日本和韩国与东北三省一区（辽宁、吉林、黑龙江、内蒙古自治区）投资合作相对密切，是东北三省一区重要的投资来源国，其中辽宁实际利用日本与韩国外资所占比重较大。

第二，中国东北与东北亚四国的经贸联系紧密，互补性较强，双方在资源与市场等方面具有较大合作潜力。贸易发展现状方面，2013—2022年，中国东北与东北亚四国货物贸易规模持续扩大，且于2022年双方贸易总额实现新突破。其中，东北三省一区与俄罗斯及日本贸易规模最大，辽宁对外贸易额居三省一区之首。投资合作现状方面，日本和韩国是东北三省一区的主要投资来源国，辽宁凭借优越的地理位置，吸引的外商直接投资规模较大。实证分析方面，本书使用2002—2019年中国东北与东北亚四国的贸易数据进行随机前沿模型估计。结果表明，一是中国东北经济发展水平越高越有利于贸易发展，东北亚四国经济发展水平提高对贸易的促进效果更加显著。其中，贸易对象与中国边境接壤将显著增加中国东北与东北亚四国间的贸易额，即有利于黑龙江和内蒙古与俄罗斯和蒙古国的边境贸易效率提升；沿海省份变量回归符号为正，因此辽宁作为中国东北中唯一的沿海省份与日韩贸易规模较大。二是加强政策执行能力、降低行政管理壁垒可以通过改善营商环境提升中国东北和东北亚双边贸易效率，而且良好的陆路交通、电信等基础设施能够通过降低双边贸易成本提高中国东北和东北亚贸易效率。三是2002—2021年，东北亚四国贸易效率均值从大到小依次为日本、韩国、俄罗斯和蒙古国；中国东北贸易效率均值从大到小依次为辽宁、内蒙古、黑龙江和吉林。四是辽宁、内蒙古和黑龙江与东北亚四国的可扩展贸易潜力较大；东北亚四国与中国东北可扩展贸易潜力从大到小依次是俄罗斯、韩国、日本和蒙古国。

第三，"RCEP+东北亚"是推动全球经济增长的重要力量，对中国东北经济外循环具有显著促进作用。统计数据表明，该区域的生产总值占全球的1/3，货物贸易国际市场占有率也达到全球的1/3。2013—2022年，中国与"RCEP+东北亚"区域货物、服务贸易进出口规模呈显著上升趋势，并且多年来中国与该区域货物贸易呈逆差状态。投资方面，2013—2022年，中国与"RCEP+东北亚"区域贸易与投资合作逐年加深，日本、韩国和新加坡是中国东北区域主要的外商投资来源国，澳大利亚、印度尼西亚和新加坡是中国在该区域主要的对外投资目的国。本书还基于2013—2021年中国、日本、韩国、俄罗斯、蒙古国等东北亚五国与RCEP成员国货物贸易格局，运用时变随机前沿引力模型实证分析了东北亚五国对RCEP成员国的出口贸易效率，得到如下结论：一是东北亚国家与RCEP成员国出口贸易效率变化趋势相似，仅俄罗斯对RCEP成员国出口贸易效率呈上升趋势；二是东北亚国家对越南、新加坡、马来西亚等传统贸易国家的出口贸易效率排名靠前；三是中日韩三国之间贸易效率尚未达到最优边界前沿，三国间贸易发展失衡，未来仍有较大发展潜力和空间。

本书可能存在的创新点与边际贡献有以下三点：

第一，选题视角聚焦于"RCEP+东北亚"推进东北经济外循环的路径研究方面。在梳理相关文献的基础上，借助区域一体化理论、新功能主义理论、区域性公共产品理论等，研究基于RCEP的东北亚区域合作推进机制安排的行动逻辑，探索RCEP的N个"10+1（2）"升级路径及提升空间，为其与东北亚各国合作，以及更高标准、更高水平的中日韩FTA建设提供方向借鉴。第二，研究重点为"RCEP+东北亚"促进中国东北全面振兴的具体路径。本书通过深入分析RCEP与东北亚衔接的溢出效应对中国东北经济外循环的作用机制，探索"RCEP+东北亚"协作路径，发挥其对中国东北整体发展竞争力的辐射、扩散和拉动作用。借助"RCEP+东北亚"探索和制定切实可行的、能够激活中国东北既有生产要素、提升各类要素虹吸功能、促进产业转型、融入区域价值链重构进而将中国东北打造为东北亚开放新前沿的路径和措施，为实现中国东北全面全方位振兴提出具体政策措施。第三，研究方法更加多元。本书使用定性研究与定量研究相结合的方式。首先，通过统计数据分析中国东北的经济发展现状及特点，并具体探究中国东北与东北亚区域成员国的经贸往来现状以及存在的困境；其次，基于随机前沿引力模型和贸易非效率模型，分析中国东北与东北亚四国的区域贸易效率、贸易潜力及其影响因素；最后，利用随机前沿引力模型测算东北亚国家对 RCEP 成员国的出口贸易效率，并从整体和国别两方面对贸易效率情况进行分析。

施锦芳　赵雪婷

2024 年 3 月

目 录

1 | 绪 论／1

    1.1 研究背景／2

    1.2 研究意义／4

    1.3 研究框架与主要内容／6

    1.4 研究方法／9

    1.5 创新与不足／11

2 | 国内外研究现状／13

    2.1 关于 RCEP 的研究／14

    2.2 关于东北亚区域经济合作的研究／21

    2.3 关于中国东北外循环发展的研究／31

    2.4 文献评述／35

3 | RCEP 对中国东北经济的重要性／37

    3.1 RCEP 规则主要内容及特征／38

    3.2 中国东北经济状况及经贸合作现状／66

    3.3 中国东北与 RCEP 成员国经贸合作现状及特征／87

    3.4 RCEP 规则在中日养老合作中的应用——以中国东北为例／98

3.5　本章小结 / 107

4　东北亚四国对中国东北经济的重要性 / 109

4.1　中国东北与东北亚四国经贸合作现状及特征 / 110

4.2　中国东北与东北亚贸易效率及贸易潜力分析 / 117

4.3　本章小结 / 125

5　"RCEP+东北亚"下推进中国东北经济外循环 / 127

5.1　"RCEP+东北亚"经贸合作现状 / 128

5.2　东北亚国家对RCEP成员国出口贸易效率分析 / 138

5.3　"RCEP+东北亚"下中国东北的区域经济合作路径 / 151

5.4　本章小结 / 156

6　基于RCEP的东北亚区域合作与中国东北经济推进机制 / 159

6.1　东北亚区域经济合作进展评估 / 160

6.2　基于RCEP的东北亚区域合作推进机制 / 171

6.3　基于RCEP的中国东北经济推进机制 / 176

7　基于"RCEP+东北亚"推进中国东北经济外循环的对策建议 / 187

7.1　扩展中国东北与RCEP、东北亚各国既有合作 / 188

7.2　"RCEP+东北亚"联动促进中国东北经济外循环 / 190

参考文献 / 193

索引 / 201

1

绪　论

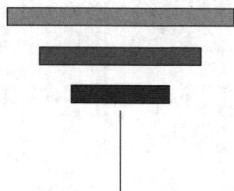

1.1　研究背景

2020年5月，中共中央政治局常委会会议上提出"构建国内国际双循环相互促进的新发展格局"，随后"十四五"规划再次强调"加快构建以国内大循环为主体、国内国际双循环相互促进的新发展格局"。构建"双循环"新发展格局这一理念的提出基于国内外形势的新变化，是提高中国对外开放水平、迈向更高层次发展的重要路径。"双循环"中内循环为国内经济发展提供根本的、主要的动力源泉，外循环则助力经济高质量发展。中国东北[①]作为中国重要的工农业基地，在维护国家国防安全、粮食安全、生态安全、能源安全、产业安全等方面发挥着重要作用，中国东北的发展关乎国家发展大局。党的二十大报告中提出"推动东北全面振兴取得新突破"的要求。中国东北作为中国向东北亚区域对外开放的新前沿，近年内部改革成效显著，内循环为外循环奠定良好基础，在增强东北振兴发展内生动力的同时，必须大力提高东北对外开放合作水平。中国东北也应聚焦"双循环"发展格局，抢抓经济发展机遇，实现东北全面振兴、全方位振兴，为中国构建"双循环"新发展格局与经济高质量发展贡献力量。

《区域全面经济伙伴关系协定》（Regional Comprehensive Economic Partnership，以下简称RCEP）的生效为中国东北与东亚、东北亚区域经济合作打开了大门。2012年东盟10国、中国、日本、韩国、印度、澳大利亚和新西兰16方启动RCEP谈判，历时8年，2020年11月15日除印度之外的15国正式签署协定，并于2022年1月开始生效。此前RCEP成员国之间大多已签署双边或多边自由贸易协定（Free Trade Agreement，以下简称FTA），

[①] 本书中的"中国东北""东北"包括黑龙江省、吉林省、辽宁省及内蒙古自治区三省一区，下文同。

遗憾的是中日、日韩之间尚未签署FTA。因此，RCEP事实上促成了中日与日韩之间的第一个FTA，即在RCEP框架下中日韩三国达成了首个自由贸易协定（施锦芳、赵雪婷，2022）。这将有助于清除中日韩FTA合作障碍，助推东北亚区域经济一体化建设。加之中国东北地处东北亚地区核心地带，地理位置优越，作为中国向东北亚区域对外开放的新前沿，与日本、韩国贸易往来密切，为中国东北拓宽对外经济合作、完善跨境供应链产业链、吸引优质外资等外循环格局构建打下良好基础。

2018年9月28日，习近平总书记在深入推进东北振兴座谈会上指出，东北"要把开发开放作为重要抓手，打造我国向北开放的重要窗口和东北亚地区合作的中心枢纽"。2023年9月7日，习近平总书记在新时代推动东北全面振兴座谈会上发表重要讲话，再次强调"东北是我国向北开放的重要门户，在我国加强东北亚区域合作、联通国内国际双循环中的战略地位和作用日益凸显"。目前，东北亚次区域合作已取得巨大进展，合作模式多样，早期构建了"环日本海经济协作""黄海经济圈""东北亚经济圈"等经济圈，之后又继续探索了"图们江中长三角""中蒙俄沿边地带"等新模式。其中，中日韩FTA构建是东北亚区域合作的重中之重，中日韩自贸区建设提速，东北亚区域经济合作驶入快车道。因此，东北亚区域已具备实现区域经济一体化的良好基础（施锦芳、李博文，2021）。在"双循环"新经济格局下，深化中国东北与东北亚国家合作成为推动中国高水平对外开放、实现内外循环良性互动的重要路径。

基于上述背景，本书以RCEP、东北亚区域经济合作以及中国东北振兴为着眼点，试图明确RCEP协定与东北亚区域合作促进中国东北外循环的作用机制及解决路径。具体而言，一是明晰RCEP条款规则内容与中国东北经贸合作的现状，二是了解中国东北与东北亚区域合作概况及贸易效率、贸易潜力，三是了解"RCEP+东北亚"经贸合作现状，根据实证分析结果探究"RCEP+东北亚"下中国东北区域合作路径，四是评估东北亚区域合作进展，基于RCEP探究东北亚区域合作与中国东北经济合作推进机制，提出促进中国东北经济外循环的对策建议。

1.2　研究意义

本书以推动中国东北经济外循环为目的，探讨东北亚国家、RCEP成员国与中国东北贸易合作状况，实证分析中国东北与东北亚区域、RCEP成员国与东北亚区域的贸易效率与贸易潜力，并剖析三者之间的耦合协调关系，从而探讨三者之间的相互作用。基于"RCEP+东北亚"的视角研究其对中国东北经济外循环的促进作用，对于扩大东北贸易规模、提高对外开放水平、拓展国际经济合作、实现东北经济高质量发展具有一定的理论与现实意义。

1.2.1　理论意义

本书基于国内外文献梳理与分析，使用国际经济学与国际贸易学中的区域一体化理论、要素禀赋理论、贸易成本理论、新功能主义理论、区域性公共产品理论等，及其他相关经济增长理论，阐明RCEP与东北亚对中国东北经济外循环的作用机制以及三者之间相互影响的内在逻辑，具有独到的学术价值。

本书在梳理相关文献基础上，借助区域一体化理论，研究基于RCEP下东北亚区域合作推进机制安排的行动逻辑。本书创新性地从RCEP签署的视角出发，探索RCEP的N个"10+1（2）"升级路径及提升空间，为其与东北亚各国合作，以及更高标准、更高水平的中日韩FTA建设提供方向借鉴。同时，深入分析RCEP与东北亚衔接的溢出效应对中国东北经济外循环的作用机制。这在一定意义上拓展了区域经济及国际经济合作的研究视野。另外，本书注重从多层次区域协调联动发展视角提出经贸合作及制度层面的路径机制，也具备一定的学术价值。

经济理论方面，本书以区域一体化为理论支撑核心。首先，在梳理相关文献的基础上，探究RCEP与东北亚等区域一体化合作对区域内国家经济的促进作用，并分析二者共同作用对中国东北经济贸易发展的直接影响与间接影响。其次，本书运用要素禀赋理论与贸易成本理论，比较东北亚合作在RCEP生效前后，中国东北对外开放水平的变化，明晰RCEP与东北亚衔接的溢出效应对中国东北经济外循环的作用机制。最后，本书注重从多层次区域协调联动发展视角提出经贸合作及制度层面的路径机制，也具备一定的学术价值。上述研究不仅有利于深刻理解"RCEP+东北亚"促进中国东北对外经济合作的渠道机制，而且在一定意义上拓展了区域经济及国际经济合作的研究视野。

理论验证方面，本书采用定性研究与定量研究相结合的方式。首先，基本情况统计方面，本书梳理并计算了RCEP规则文本、中国东北分别与RCEP成员国、东北亚四国的贸易与投资合作现状，以及"RCEP+东北亚"贸易与投资合作现状。其次，利用随机前沿引力模型实证分析东北亚国家对RCEP成员国的出口贸易效率，以及中国东北与东北亚国家的贸易效率与贸易潜力。本书不仅分析了RCEP与中国东北、东北亚与中国东北的关系，而且对于三者的逻辑关系进行梳理与实证分析，研究范围的扩大能够获取更多有效数据，从而扩大样本容量，使实证结果更加准确，研究结论更加可靠且真实。

1.2.2 现实意义

全面提高对外开放水平，坚持更大范围、更宽领域、更深层次对外开放，是顺应中国经济高质量发展和深度融入世界经济的趋势，使中国经济在双循环中夯实韧性、行稳致远的必然要求。在构建"国内国际双循环"经济格局与"推动新时代东北全面振兴取得新突破"的背景下，如何利用RCEP与东北亚区域经济合作带动中国东北经济外循环成为国家关注重点，对提高中国对外开放水平与促进经济高质量发展具有重要现实意义。因此，本书以对外开放为突破口，探索中国东北与"RCEP+东北亚"协作路径。

第一，本书对中国东北与日本、韩国的经贸合作及供应链重构具有指导意义。本书研究对象 RCEP 成员国与东北亚国家存在重叠，即地处东亚且共同参与 RCEP 的中日韩三国。此外，中国是日本与韩国最大的贸易伙伴，其中，中国东北的辽宁与日韩贸易往来历史悠久。RCEP 的生效带来更优惠的关税与宽松的原产地规则、投资规则，有利于扩大东北与日韩经贸规模、拓展合作领域、深化合作层次以及推动中日韩 FTA 进展与区域价值链重构。因此，探索与日韩的合作路径是推动中国东北经济外循环的关键。

第二，本书对中国东北与"RCEP+东北亚"国家加强合作、促进经济外循环具有实际意义。本书将 RCEP 与东北亚国家进行整合，以对外开放为突破口，探索"RCEP+东北亚"整体对东北对外经济的作用机制与协作路径，发挥其对中国东北整体发展竞争力的辐射、扩散和拉动作用。同时分析作为研究对象的 RCEP 成员国与中国东北的比较优势因素进行优势互补，进一步拓宽合作领域，延长并巩固国外供应链，实现互利共赢，进而增强东北经济外循环的韧性。

第三，本书为促进中国东北产业转型与提高经济活力提供参考价值。借助"RCEP+东北亚"探索制定切实可行的能够激活东北既有生产要素、提升各类要素虹吸功能、促进产业转型、融入区域价值链重构将中国东北打造为东北亚开放新前沿的路径和措施，并为政府相关部门引导推动东北亚开放合作促进东北经济快速高质量发展建言献策。

1.3 研究框架与主要内容

本书分为 7 章，研究框架如图 1-1 所示，具体研究内容如下：

以"RCEP+东北亚"促东北经济外循环研究

提出问题

绪论

研究背景　　研究意义　　研究框架

研究方法　　创新与不足

国内外研究现状

关于 RCEP 的研究　　关于东北亚区域经济合作的研究　　关于中国东北经济外循环发展的研究

RCEP 对中国东北经济的重要性

RCEP 规则主要内容及特征　　中国东北经济现状

中国东北与 RCEP 成员国经贸合作现状及特征　　RCEP 养老规则——以中国东北为例

东北亚四国对中国东北经济的重要性

中国东北与东北亚四国经贸合作现状及特征　　中国东北与东北亚贸易效率及贸易潜力分析

分析问题

"RCEP+东北亚"下推进中国东北经济外循环

"RCEP+东北亚"经贸合作现状　　东北亚国家对 RCEP 成员国出口贸易效率分析

"RCEP+东北亚"下中国东北的区域经济合作路径

基于 RCEP 的东北亚区域合作与中国东北经济推进机制

东北亚区域经济合作进展评估　　基于 RCEP 的东北亚区域合作推进机制　　基于 RCEP 的中国东北经济推进机制

解决问题

基于"RCEP+东北亚"推进中国东北经济外循环的对策建议

扩展和延伸中国东北与 RCEP 和东北亚各国既有合作　　"RCEP+东北亚"联动促进中国东北经济外循环

文献研究

实证分析

逻辑归纳

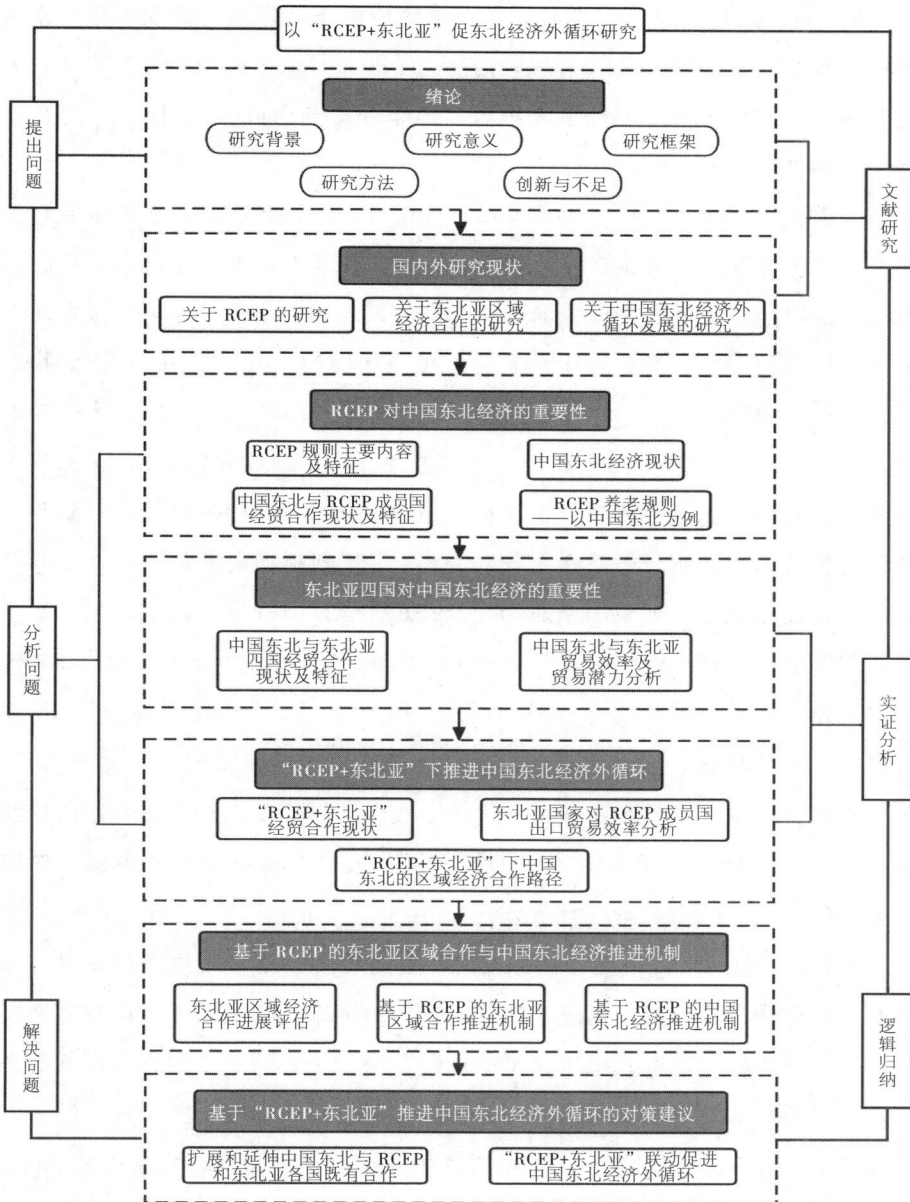

图 1-1　研究框架图

第1章，绪论。本章主要阐述了在实现中国东北振兴与"双循环"新经济格局的背景下，利用"RCEP+东北亚"促进中国东北经济外循环的理论与现实意义。此外，对本书的主要内容、章节安排与研究方法进行大致叙述，并提出本书的创新之处。

第2章，国内外研究现状。本章首先对RCEP规则条款及其影响展开叙述，通过梳理东北亚区域合作相关文献，厘清东北亚区域合作动向、面临困境及解决路径，再通过梳理中国东北经济外循环相关研究，了解中国东北经济与对外开放现状，并针对中国东北发展中遇到的挑战，利用RCEP寻找其解决路径。

第3章，RCEP对中国东北经济的重要性。本章细致分析了RCEP的文本规则及其对中国东北经济发展的影响。首先，本章对RCEP的货物贸易与服务贸易相关重点规则进行解读，使RCEP文本规则更加清晰易懂，加深对其理解。在此基础上，通过归纳总结出RCEP所具有的特征。其次，本章对中国东北经济发展现状进行阐述，分析了中国东北经济规模现状、对外贸易现状以及发展中遇到的机遇与挑战。再次，进一步探究了中国东北与RCEP成员国经贸合作现状，通过统计数据制作图表，直观展示了中国东北与东盟、澳大利亚、新西兰、日本及韩国的货物、服务贸易以及对外投资合作的现状及特征，并根据统计结果对现状进行分析。最后，以中国东北为例，探究RCEP规则在中日养老合作的应用。

第4章，东北亚四国对中国东北经济的重要性。本章围绕中国东北与东北亚四国合作进行分析。通过定性分析评估中国东北与东北亚四国贸易及投资合作发展历程与现状，再构建模型进行实证分析，测算得到中国东北与东北亚四国的贸易效率及贸易潜力，并根据实证结果具体分析。

第5章，"RCEP+东北亚"下推进中国东北经济外循环。本章以RCEP与东北亚国家之间的经贸合作作为主要研究对象。首先，本章通过查找与统计相关数据，对RCEP与东北亚国家、中国与"RCEP+东北亚"区域的贸易、投资合作现状进行描述。其次，进行实证分析，计算出东北亚国家对 RCEP 成员国出口贸易效率，并根据实证结果进行分析。最后，结合现实剖析上述对经贸合作现状的描述以及贸易效率测算结果，发现"RCEP+东北亚"下推动中国东北区域经济合作的路径。

第 6 章，基于 RCEP 的东北亚区域合作与中国东北经济推进机制。本章首先对东北亚区域合作进展进行评估，通过梳理东北亚区域经济合作发展历程、现状及特征，从中发现目前合作过程中存在的阻碍。其次，为明确 RCEP 的东北亚合作推进机制，制定 RCEP 与东北亚区域合作区间的机制安排、推进机制方向与可行路径，并探寻加快推进中日韩 FTA 建设的机制。最后，分析 RCEP 中货物贸易规则、服务贸易规则及其他规则对中国东北各领域发展的促进作用，为东北未来经济与产业发展提供了平台与机遇。

第 7 章，基于"RCEP+东北亚"推进中国东北经济外循环的对策建议。本章在上述梳理与分析的基础上提出解决路径。一是扩展和延伸中国东北与 RCEP 和东北亚各国既有合作，探索新型合作模式。主要通过借助 RCEP 拓展与成员国的合作规模及合作领域，推进次区域合作。二是以"RCEP+东北亚"联动促进中国东北经济外循环。中国在区域合作及中日韩 FTA 建设中发挥主导作用是推动东北经济外循环过程中的关键环节。

1.4　研究方法

第一，文献研究。通过收集和梳理与本书相关的中外文献资料和国内外研究机构的相关报告，从 RCEP、东北亚区域合作、中国东北经济外循环发展等角度分类收集整理文献，并进行归纳和评述，厘清"RCEP+东北亚"实现区域联动的思想进路，构建"RCEP+东北亚"促进中国东北经济外循环发展的理论基础。

第二，文本分析法和统计分析法。本书将运用文本分析法探究RCEP文本规则，以明确RCEP的规则广度与深度，考察其对东北亚区域经济合作、中国东北经济外循环的影响作用。与此同时，力求积累大量的第一手资料和统计分析数据，借助统计分析法测度与分析东北亚区域合作进程，明晰"RCEP+东北亚"影响中国东北经济外循环的作用机制，为中国东北依托"RCEP+东北亚"实现东北振兴提供应对策略。

第三，比较分析。本书将比较分析法贯穿始末。首先，对比RCEP和其他协定的规则条款，找准RCEP的规则特征，为后续应用奠定基础。其次，对RCEP与东北亚国家要素禀赋优势进行分析，寻找互补合作的新领域，找到"RCEP+东北亚"合作空间。再次，对比分析中国东北对外开放以及参与经济外循环的功能定位、政策体系、管理机制，为深化经贸合作奠定基础，并以此为基础，探究"RCEP+东北亚"促进中国东北经济外循环的路径。

第四，定性分析与定量分析相结合的方法。本书综合运用定性分析与定量分析方法，二者相互补充。定性分析通过归纳演绎等方式，对中国东北经济发展现状、东北亚区域合作进展、中国东北与"RCEP+东北亚"区域合作现状进行全面深入分析，从其经济变量及其相互关系中把握其本质特征；定量分析则是依据相关数据，采用时变随机前沿引力模型，实证分析区域贸易效率及贸易潜力。在第4章中，对中国东北与东北亚贸易效率及贸易潜力进行实证分析，考察中国东北面向东北亚开放合作的进展与前景；在第5章中，测度东北亚国家对RCEP成员国出口贸易效率，探究RCEP背景下东北亚国家的贸易潜力。

第五，历史、现实与逻辑相结合的分析方法。以发展的视角分析未来东北亚区域合作进程、中国东北经济外循环的演变方向，以历史经验观照现实问题。在中国内外新形势以及RCEP协定的现实基础上，结合相关理论逻辑分析，阐明"RCEP+东北亚"与中国东北参与经济外循环的关联性，结合内部与外部两个层面，兼顾宏观、中观与微观三个维度分析"RCEP+东北亚"联动发展对中国东北经济外循环的影响机制，为中国东北发挥RCEP政策红利、深度参与东北亚分工合作，带动经济增长实现东北振兴提供实施路径。

1.5　创新与不足

1.5.1　创新点

第一，从国内国际双循环出发，落脚于中国东北经济外循环提升路径。本书深入考察中国东北参与经济外循环发展的现状与问题，找寻经济增长实现东北振兴的路径。特别是将RCEP、东北亚区域经济合作视为中国东北经济外循环发展的重要机遇，并以"RCEP+东北亚"联动的形式挖掘其对中国东北对外经济合作的推进作用，激发东北经济外循环的潜力。

第二，基于多层次区域协调联动发展视角，聚焦"RCEP+东北亚"区域联动发展。本书深入分析RCEP与东北亚国家联动发展的可能性以及对接机制，探索"RCEP+东北亚"的合作路径及提升空间，探究RCEP与东北亚次区域合作的基础性作用，突出发挥中日韩FTA在"RCEP+东北亚"中的纽带作用。在此基础上，推导出RCEP与东北亚衔接的溢出效应对中国东北经济的作用机制。

1.5.2　不足之处

本书的数据存在一定缺失。受限于数据可得性，本书在东北亚国家合作现状以及实证部分中缺失朝鲜的数据，可能会低估东北亚区域合作的经济影响；中国东北包含的三省一区与其他国家的服务贸易与投资数据也存在缺失，不能充分分析中国东北三省一区与相关国家的经贸合作现状；RCEP生效时间较短，可得相关数据也相对较少，其实际经济效应难以精确衡量。

2

国内外研究现状

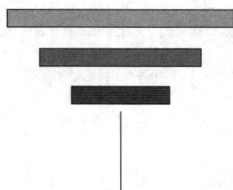

2.1　关于RCEP的研究

RCEP作为目前全球经济规模最大的FTA，具有涵盖领域全面、经贸规则先进、包容且灵活、国家间互惠互利等重要特征。RCEP的签署意味着各成员国将相互成就，实现包容性发展，共同提升区域经济福利，提振全球化信心，对推进亚太经济一体化进程具有重要意义。另外，RCEP下中日、日韩首次建立起自贸伙伴关系，标志着东北亚区域合作取得重要阶段性成就。在RCEP框架下，如何把握契机巩固东北亚区域经贸关系，进而为中国东北的繁荣与稳定作出贡献成为一个重要课题。

一直以来，鉴于成员国差异性与利益诉求复杂性，亚太区域经济一体化的推进难度较大，直到近年来RCEP在区域经济一体化方面获得实质性进展，学者们对RCEP各个角度的研究成果不断涌现。目前，有关RCEP的相关研究主要分为以下三个方面：一是集中解读RCEP核心内容及具体规则条款，探讨"百年未有之大变局"下国际经贸规则重塑及东亚方案；二是RCEP的经济效益、影响及预测，学者多借助全球贸易分析模型（Global Trade Analysis Project，以下简称GTAP）等经济学模型对RCEP可能带来的经济效应进行模拟预测，有部分学者探究其与《跨太平洋伙伴关系协定》（Trans-Pacific Partnership Agreement，以下简称TPP）或《全面与进步跨太平洋伙伴关系协定》（Comprehensive and Progressive Agreement for Trans-Pacific Partnership，以下简称CPTPP）的经济效益差异性；三是分析RCEP与CPTPP对区域经济发展的影响，主要包括全球价值链重构、推动亚太区域经济一体化进程等角度。

2.1.1　关于RCEP核心内容及规则条款的研究

在货物贸易方面，RCEP将贸易自由化与便利化作为主要宗旨，致力于逐步消除成员国之间绝大多数货物贸易关税和非关税壁垒。一是达成大规模直接关税减让，协定生效后，域内超过90%的货物贸易关税立即降至零，个别国家的个别产品降税时间延长至20年。中国对日本和韩国产品实现最终零关税比例均为86%，对东盟、澳大利亚和新西兰产品实现最终零关税比例分别为90.5%、90%和90%。就降税模式而言，为满足不同成员国差异化诉求，澳大利亚、文莱、新西兰、马来西亚、柬埔寨、老挝、缅甸和新加坡等8个成员国采取"统一关税减让"，中国、日本、韩国、印尼、菲律宾、泰国、越南等7个成员国采取"国别关税减让"（于鹏等，2021）。二是在原产地规则上达成重要共识。RCEP采用区域部分累积规则，相较于成员国已经签署的其他双边及多边FTA，RCEP原产地判别规则更具灵活性和适用性，赋予了企业更多自主权，有利于跨国企业在东亚地区优化产业链布局进而推动形成区域经济一体化发展新格局。另外，RCEP原产地规则的设置遵循了开放、包容的设计思路，RCEP 40%的区域价值成分，意味着区域外企业仍有融入区域内部价值链的空间和可能（刘瑛、夏天佑，2021）。总体来看，相较于其他多边FTA，RCEP原产地特色规则更为灵活，更有利于全球价值的运作（Kohpaiboon、Jongwanich，2022）。三是通过一系列贸易便利化措施降低非关税壁垒，其中，技术性贸易措施在全球货物贸易中的作用日益凸显。RCEP特设第五章和第六章两个章节对其作出规范，相比较WTO《技术性贸易壁垒协定》（Technical Barries to Trade，以下简称TBT）的实施，RCEP具有成员间合作更为密切、标准差异更加透明、国际标准更为统一的特点。相比较《实施卫生与植物卫生措施协定》（Agreement on the Application of Sanitary and Phytosanitary Measures，以下简称SPS）的实施，RCEP具有风险评估透明度提高、评估程序简化、紧急措施互动渠道增多、进口检查和批准程序更加规范的特点。

在服务贸易方面，一直以来，东亚地区服务贸易壁垒高筑导致区域内服务贸易发展滞后，RCEP充分考虑成员国利益诉求差异性，对服务贸易领域相关规则进行了优化和创新。整体来看，RCEP服务贸易高于成员国间已有FTA的开放承诺，尤其是中国服务贸易开放承诺更是达到了现有FTA的最高水平（孟夏、孙禄，2021）。除市场开放及相关规则外，RCEP在金融服务、个人信息保护、网络安全、数据本地化、跨境数据流动等方面作出了明确规定，使得服务贸易发展更加规范化。随着全球服务贸易规则竞争不断加剧，有学者从规则深度量化的角度出发，探究RCEP与世界其他主要区域贸易协定中服务贸易规则的深度差距。研究发现，相较于CPTPP与《美墨加协定》（The United States-Mexico-Canada Agreement，以下简称USMCA），RCEP服务贸易规则的总体深度水平及各领域细化程度较低，其最惠国待遇附加更多限制、监管透明度较低、争端解决机制不完备，且对跨境数据流动设置更多障碍。但从长远来看，RCEP具有灵活性与多元化，体现了均衡各方利益的价值导向，更易推广到不同发展水平的国家，有利于域内国家更好地履行协定义务（Roffe，2017）。

在投资方面，RCEP投资条款是对中国-东盟FTA等区域内已有FTA投资规则的升级、整合和拓展（张礼卿、孙瑾，2021）。RCEP以负面清单管理模式推进投资自由化和便利化，明确规定除负面清单以外的领域即允许合法投资（Uttama，2021）。因此，对各国负面清单的条款数量、行业分布、正面义务违背情况等具体内容的研究成为一项重要课题。从负面清单的条款数量来看，RCEP成员国间具有较大差异，日本、新加坡和韩国的负面清单数量明显高于缅甸、柬埔寨、越南等发展中国家，这表明随着亚洲经济不确定风险加剧，亚洲发达国家对投资领域的开放持谨慎态度，而以中国为代表的发展中国家将成为推动新型全球化的重要力量；从负面清单分布行业来看，政府投资清单中涉及较多的行业主要包括服务业、农业、制造业、能源以及采矿业等基础性行业，对于通信业则有较多保留（陆建明、姚鹏，2022）；从负面清单违背的正面义务来看，几乎所有的负面清单都涉及国民待遇原则，这说明 RCEP 在追求区域内高水平开放的同时能够有效保护本国市场，除国民待遇外，各国在正面义务选择的侧重点有所不同。

RCEP 不仅在货物贸易、服务贸易、投资以及自然人移动等方面达成了市场开放的重要共识，同时对标国际高标准自贸规则，在原有"10+1"FTA 基础上进行了更新与拓展，不仅纳入知识产权（柳福东、于筱宁，2023）、电子商务、竞争、政府采购等议题（郭成龙，2022），还在中小企业（黄桥立、沈伟，2022）、经济技术合作等领域作出加强合作等规定。

2.1.2 关于 RCEP 经济效应的研究

针对 RCEP 经济效应的研究已经取得丰硕的成果，主要包括以下三个方面。

第一，定量分析 RCEP 对区域内及区域外国家或地区产生的经济效应。现有研究普遍认为加入 RCEP 对成员国经济有利。其中技术性贸易壁垒的减少对成员国贸易条件、经济总量、福利增长、进出口总额等宏观经济指标具有显著的正向促进作用，并且这种促进效应随着关税以及技术性贸易壁垒的逐步削减更加突出（刘冰、陈淑梅，2014）。然而，也有学者指出 RCEP 对成员国宏观经济的影响并不是在任何情况下都是完全正向的，区域经济一体化进程可能会给部分成员国带来负面影响。钱进（2021）研究发现随着关税逐步降至零，中国、日本、韩国、澳大利亚、新西兰等国的贸易规模、社会福利等方面均有不同程度的增加，而东盟国家在 GDP 和贸易条件等方面则出现小幅恶化现象。基于 RCEP 成立对成员国或地区的影响，有学者将研究对象拓展至非成员国或地区，发现 RCEP 成立对美国、欧盟、印度、南非、俄罗斯、巴西等没有签署 FTA 的国家或地区的福利水平展现出消极影响，并且 RCEP 开放力度越大，对非成员国家或地区的消极影响越明显（秦坤林、高维新，2023）。

第二，定量分析 RCEP 对具体某个产业的影响。现有研究不仅涉及 RCEP 对经济总量、社会福利、贸易条件等宏观经济指标的影响程度分析，还量化评估了 RCEP 对具体行业的影响。汤婧（2014）运用 GTAP 模型预测评估 RCEP 的建立对中国各行业可能产生的影响，发现 RCEP 对不同产业影响差异较大，其中，农业及食品业、林业及渔业、矿业、电子机械等行业和部门在产出及出口方面呈现显著提升，而纺织业及服装业、钢铁业、建筑业、运输业、通信业等行业出现产出衰退的现象。陈耸和向洪金（2022）的研究发现，对于未签署双边 FTA 的成员国之间的农产品贸易，RCEP 具有显著的贸易创造效应，对于已经签署双边 FTA 的成员国之间的农产品贸易，RCEP 具有贸易转移效应，对于欧盟、美国、加拿大等非成员之间的农产品贸易影响有限。还有部分学者从细分产品角度探究 RCEP 的经济福利效应，赵亮和陶红军（2017）运用局部均衡 SMART 模型研究发现 RCEP 框架下中国猪肉贸易将获得正向贸易创造效益和转移效应。

第三，将 RCEP 与亚太地区其他大型 FTA 进行对比研究，其主要研究对象是 CPTPP 与其前身 TPP。CPTPP 和 RCEP 同为亚太地区的高水平 FTA，对成员国产生的经济效应各不相同，因此对 RCEP 和 CPTPP 的异质性效应进行探讨成为备受学界关注的重要课题。一是采用定性方法分析对比 RCEP 与 CPTPP。RCEP 的生效将使区域内部形成相对单一的市场规则，市场准入承诺的放宽与非关税壁垒的消减有利于降低贸易投资的制度性成本，从而提升区域贸易投资自由化水平，促进形成区域市场一体化，改善区域综合发展环境（沈铭辉，2022）。与 RCEP 相比，CPTPP 的高标准不仅仅体现在大幅度降低或取消关税，更重要的是对其非关税壁垒的消除，例如对跨境投资、服务贸易、金融服务等方面采用负面清单方式承诺，同时改善亚太地区劳动环境，提高环境标准，增加就业机会（樊莹，2018）。但是，FTA 的签署同样是一把双刃剑，关税减免直接带来的是国外高科技产品的倾销，可能会导致本土企业销量受挫，不利于产业的转型升级。未来，不同经济发展水平的亚太国家应基于自身现实，择机加入到RCEP或CPTPP。二是采用定量方法对比分析RCEP与CPTPP所产生的经济效应差异性，目前，已有研究证明了CPTPP和RCEP的达成均使得成员国的各项经济状况得以改善，其中，技术性贸易壁垒的削弱能更加显著地改善成员国的各项经济指标，还有学者评估RCEP与CPTPP对区域外国家造成负面影响的对冲效果，结果发现，RCEP为其区域内国家带来的正向效应显著对冲CPTPP导致的消极影响，从而驱动RCEP成员国的经济增长（高敬云、陈淑梅，2017）。总的来看，无论是RCEP还是CPTPP，都是亚太经济一体化推进的体现，RCEP与CPTPP应积极寻找两者之间的契合点，共同推进亚太经济一体化进程（张珺、展金永，2018）。

2.1.3　关于RCEP与CPTPP对区域经济一体化影响的研究

尽管目前全球化的结构与形态发生了改变，但全球经济一体化的趋势没有改变。以RCEP和CPTPP为代表的亚洲经贸一体化合作逆势增强，在全球经贸合作中的重要性和必要性日益凸显。

首先，RCEP与CPTPP将共同开启亚太区域经济一体化的新纪元。近年来，以亚太经济合作组织（Asia-Pacific Economic Cooperation，以下简称APEC）为框架的亚太区域经济合作的动力减弱，亚太区域自由贸易区数量较多并且规则繁杂，面临着"意大利面条碗效应"。区域经济一体化进程的加快有助于协调整合错综复杂的FTA网络，形成稳定、统一的大市场（Park，2021）。RCEP与CPTPP为亚太国家提供了两种不同的区域经济整合的思路：思路一是以"发展性"为导向整合升级区域内众多FTA，主要以RCEP为主。亚太区域经济一体化的实现既需要已经适应高水平规则的发达经济体，也需要逐步适应高水平规则的新兴经济体的共同努力。而RCEP在规则制度上的灵活性与包容性，更有助于各经济体尽快达成共识，消除贸易壁垒与非贸易壁垒，实现更深程度的对外开放（潘晓明，2021）；思路二是以"先进性"为核心目标，力图构建更高标准的自由贸易区，主要以CPTPP为主（Park，2021）。虽然发展中国家受自身发展阶段限制难以接受发达国家提出的高标准规则，但从宏观层面来看，构建高标准的国际经贸规则仍然是未来全球化深入发展的大方向。CPTPP具有全球最高标准的自贸规则，是引领国际经贸规则和秩序的风向标，其中很多规则可以作为成员国、非成员国的谈判模板。综上，RCEP与CPTPP作为实现亚太自贸区的两种思路，将共同推动APEC从愿景化为现实，亚太区域在世界经贸格局中的重要性将加强。

其次，目前全球的经贸中心有三个，分别是北美经贸圈、欧盟经贸圈和东亚经贸圈。RCEP和CPTPP成为连接全球范围内各大经贸圈的纽带。具体表现在以下两个方面：一是RCEP与CPTPP有助于加强东亚太平洋板块与北美板块的互动。目前，中美之间竞争与合作并存的局面依旧存在，RCEP与CPTPP的达成在一定程度上遏制了美国试图牵制中国的意向，包括中国在内的东亚国家有望以RCEP与CPTPP共有成员国为中介，与美国的盟国加拿大和墨西哥加强经贸联系，共同推动经济全球化朝着开放包容的方向发展。二是RCEP有望深化亚欧合作，构建亚欧命运共同体。欧盟为开拓亚洲市场，积极寻求与亚洲国家尤其是东亚国家的密切合作（张晓通等，2021）。RCEP的签署强化了东盟在区域合作中的主导地位，对于升级欧盟与东盟之间的关系起到了一定的推动作用（Shimizu，2021）。有助于促成亚欧大陆经济加速整合，形成亚欧命运共同体。此外，CPTPP的高标准加剧了发达国家在国际经贸规则制定方面的竞争。

值得关注的是，与CPTPP相比，现阶段RCEP对世界经济的重要性更加凸显（孙忆，2022）。一方面，RCEP使规模经济效应从国家扩大到区域，最终扩大至全球，形成潜力巨大的全球经贸圈。三大经贸圈中，只有东亚经贸圈长期缺乏统一的制度性经贸安排。RCEP的签署结束了东亚地区"制度碎片化"的区域治理困境，有助于东亚区域有效统筹，构建更为齐全的国际分工体系，使之实现了东亚区域内的"小全球化"（沈铭辉，2022）。另一方面，RCEP为不同发展水平经济体共同构建新型经贸规则体系树立了典范。RCEP的经贸规则最大限度地考虑各方诉求，根据成员国发展水平的差异，采取灵活的规则和安排，协调各方利益分歧。因此，RCEP可以更好地协调国家主权与国际机制之间的关系，有望提升发展中国家在全球治理以及国际经贸规则制定中的影响力和话语权。

2.2 关于东北亚区域经济合作的研究

东北亚区域内各国政治与文化存在差异，但由于地理位置较近，国家间互动交流频繁，特别是在经济领域合作关系紧密。在全球区域经济一体化趋势下，东北亚国家较早开启区域经济合作步伐，贸易、投资等各项经济活动往来频繁。东北亚区域内各国在经济发展水平、产业结构、资源禀赋等方面存在较大差异，例如，中国拥有丰富的劳动力资源与巨大的市场潜力，韩国与日本拥有先进技术、优秀企业与资金，俄罗斯天然气与石油等能源资源丰富。因此，东北亚各的贸易商品与产业构建具有较强的互补性。东北亚区域合作，有利于各国充分运用自身具有比较优势的资源，促进区域内资源合理配置，提高区域整体经贸发展水平，开拓国际市场。

学者围绕东北亚区域经济合作展开了深入研究，主要从现状入手，研究东北亚区域经济合作的动向，分析其合作面临的挑战并提出相应的破解路径。另外，RCEP的生效实施也为东北亚区域经济合作注入新动力，学者也开始关注RCEP对于东北亚区域经济合作的影响，并找寻借助RCEP深化东北亚区域经济合作的路径。

2.2.1 关于东北亚区域经济合作动向的研究

二战结束后，国际政治经济形势复杂多变，东北亚各国政府也随之调整对外合作政策，推动东北亚区域不断呈现新的合作动向。

20世纪50—60年代，以美国与苏联为主的冷战格局形成，国际形势变化剧烈。蒙古国对苏实行"一边倒"外交政策，坚定以苏联为主导的外交思想，对苏联依赖程度较高（乌兰图雅，2019）。朝鲜先后同苏联、中国与东欧社会主义国家签订了多项协议与条款，加强同东北亚社会主义国家的外交合作（金祥波，2010）。此时，日本与韩国并未与中国、苏联、蒙古国及朝鲜建立正式的外交关系，但与中国贸易往来及非正式的合作等联系较多。

20世纪70—80年代，随着世界局势朝着多极化方向发展，美中苏在东北亚三足鼎立的关系逐渐被中美日俄四边关系所替代。1972年中日关系正常化、1989年中苏（俄）关系正常化等改变了东北亚合作境况。特别是在1978年中国实施改革开放后，中国不仅与日本在贸易、投资、政府合作等领域开启多层次合作，实现经贸关系从启动奠基期到拓展合作期的成功过渡（张季风，2022），与韩国也在贸易、投资与劳务等领域均保持密切合作。同时，韩国与日本关系发生整体转变，其中，安全领域合作开启是推动日韩关系转变的标志性节点。日本与俄罗斯于20世纪80年代末期关系逐渐改善，虽然双方仍存在领土纷争问题，但优先推动经济领域的合作，进行人才与技术交流。

20世纪90年代，面对政治对立缓和、对外经济急速发展的较为稳定的国际环境，东北亚地区经济合作开始启动。一是国家与政府层面的合作，1996年成立东北亚地区地方政府联合会，旨在促进东北亚各国在经济、文化、科技等领域的全方位合作（崔明旭、张蕴岭，2022）。二是以点带面的次区域经济合作。首先，1992年，中国、俄罗斯、韩国、朝鲜与蒙古国五国政府签署图们江地区开发项目合作协议；1995年，上述五国正式签署关于开发图们江地区的3项协议，标志着图们江地区开发合作与东北亚区域合作进入一个新阶段。其次，建立环渤海经济圈构想虽早在1970年被提出，但地方政府间的正式合作开始于1993年在日本北九州召开的东亚城市市长会议。1994年，中日韩三国于天津召开"东亚经济发展与环黄渤海区域经济合作国际研讨会"，加快推进中日韩三国区域经济合作进程。再次，日本学者西川润于1987年提出"环日本海经济区"，1990年，中国、日本、苏联与韩国在第一次经济关系扩大会议上讨论在环日本海地区资源开发与合作的具体事项，1999年第六次环日本海地方政府首脑会议中，上述四国和蒙古国等五国针对构建环日本海国际经济合作进行协商，都推动了环日本海经济圈的不断完善。

21世纪以来，随着全球经济一体化与世界各国对外合作的不断扩大，东北亚区域经济合作进程加快。国家层面，中日、中韩、日韩于2001—2002年先后签订货币互换协定，随后中日两国经济贸易伙伴磋商机制也正式启动（徐坡岭、陈悦，2004）。俄中、俄日、俄韩、俄朝、俄蒙等近年来已分别达成战略协作伙伴关系、建设性伙伴关系、全面伙伴关系、有前途的伙伴关系、友好互助伙伴关系与战略伙伴关系；中蒙、日蒙、韩蒙也分别建立睦邻互信伙伴关系、综合伙伴关系、睦邻友好伙伴关系；中日、中韩、日韩建立了战略互惠关系、战略伙伴关系、成熟的伙伴关系；日俄关系朝着建设性伙伴关系发展（方华，2008）；朝韩关系在《北南关系发展与和平繁荣宣言》《板门店宣言》等协定框架下发展，两国紧张的政治关系得到缓解（沈铭辉、张中元，2019）。次区域经济合作方面，2005年，在联合国开发计划署（United Nations Development Programme，以下简称UNDP）图们江区域开发项目第八次政府间协商协调会议上，中俄朝韩蒙五国将"五国协定"和备忘录时效延长十年，并签署《大图们江行动计划》（方华，2008）。2006年，环渤海地区涵盖的国内33个城市市长共同签署了《推进环渤海区域合作的天津倡议》，中日韩三国合作领域逐渐拓宽，合作层次不断加深。2013

年共建"一带一路"倡议提出，2014年中国、俄罗斯与蒙古国三方首脑会晤时，就中国"丝绸之路经济带"与蒙古国"草原之路"、俄罗斯"跨欧亚大铁路"倡议进行对接并达成共识，并于2016年签署《建设中蒙俄经济走廊规划纲要》，标志中蒙俄经济走廊由构想走向实施（祁进玉、孙晓晨，2022）。

2.2.2 关于东北亚区域经济合作挑战与破解路径的研究

虽然东北亚区域合作在多年探索中有了长足进展，但与欧盟、北美自由贸易区、亚太经济合作组织、东盟等区域经济一体化组织相比，东北亚区域的合作水平相差较远，主要表现为合作制度供给不足，即未形成具有约束力的合作机制与组织、非正式合作较多，因此缺乏时效性与权威性。究其原因，学者主要总结为以下因素：一是政治和历史因素，东北亚区域内部各国政治立场差别较大，因此导致区域内各国出于国家政治与安全的考虑将经济合作置于从属地位，对外经济政策方向与制定上难以同步（祝滨滨，2012）。历史遗留问题使东北亚区域各国之间产生隔阂。例如，日韩岛屿纷争、二战期间日本的侵略战争给亚洲各国造成伤害、朝鲜半岛核问题等均影响区域内国家合作交流（方华，2008）。二是经济因素，东北亚区域经济合作基础较薄弱，俄罗斯远东地区、朝鲜和蒙古国经济发展水平与中日韩三国相比较低，产生东北亚区域经济发展不平衡的问题（崔明旭、张蕴岭，2022）。三是文化和社会因素，中日韩朝四国民族文化相近，俄罗斯与四国差别明显，因此增加了区域经济合作成本与合作前景的不确定性（徐坡岭、陈悦，2004）。

东北亚区域的次区域合作如图们江合作、中蒙俄经济走廊建设等逐渐升温，但也有制约因素较多、迟迟未能有突破性进展等问题亟待解决。中日韩作为东北亚区域的核心，次区域合作也存在一定不足。具体而言，首先，中蒙俄经济走廊建设处于初级阶段，在具体推进中面临较多挑战，国家之间缺乏充分的政治信任，而且蒙古国的政党轮替制度也影响博弈结果。中蒙俄三国经贸结构失衡、制度性合作进展较慢（祁进玉、孙晓晨，2022）。特别是中蒙俄之间的基础设施建设难以顺利推进，大型基建项目存在时间周期长、投入金额巨大、投资回收时间久等特征（刘国斌，杨薇臻，2021）。其次，图们江地区开发相较其他次区域合作开发进展缓慢，尚未形成统一的贸易协定，缺少良好的制度保障，其合作机制相较普通的区域经济一体化组织更为复杂，制度合作难度更高（赵儒煜等，2022）。影响其开发的因素与上述原因具有相似之处，即国家之间经济发展水平、政治制度、文化观念等方面存在问题，降低国家之间的互动频率（関满博，2003）。此外，中日韩合作是东北亚区域内制度化程度最高、涵盖领域最广、内在驱动力最强的次区域合作机制，但同时也是历史问题、国家安全、领土纷争较为集中的地区，导致三国合作关系也复杂多变，不利于三国友好交往，从而阻碍中日韩FTA建立（赵力纬，2022）。政治与安全制约中日韩三边合作，削弱了三国在经济领域的合作愿望（李开盛，2019；Terada，2018）。

除上述因素外，复杂国际政治经济形势下，东北亚区域合作面临新的挑战，合作推进艰难。其一，"逆全球化"背景与新冠疫情下，全球经济遭受冲击，各国供应链均出现"断链""短链""缺链"等问题，同样对东北亚区域合作产生较大的负面影响。区域内各国经济数据指标下降、整体经济下滑，直接影响东北亚经济一体化构建。新冠疫情导致东北亚乃至世界范围内各国的多家工厂相继倒闭，外需与供给大大减少，且通过区域价值链、供应链与生产链放大了疫情影响，各经济发展速度减缓甚至衰退，从而再度掀起逆全球化浪潮（欧定余等，2020）。逆全球化思潮的不断涌现使各国加强贸易保护，给东北亚区域各国经济发展带来外部与内部双重挑战，外部挑战表现为东北亚国家加入多边贸易体系受阻，不利于创造东北亚区域经济新合作（朱显平、齐霁，2021）；内部挑战表现为东北亚区域内合作推进速度缓慢，各国对经济合作持观望态度甚至重新考虑内部经济合作。全球经济不景气与逆疫情，限制东北亚国家要素的自由流动，对已形成的合作关系造成冲击。其二，域外力量介入影响东北亚局势。美国插手东北亚地区事务，希望通过与日韩建立同盟关系恢复其在亚洲地区经济主导权，遏制中国发展，且美国的控制从经济领域逐渐延伸至军事、政治领域，试图瓦解中日韩三国过往建立的信任关系，从而阻碍三国合作（蔡彤娟，2016）。乌克兰危机、南海争端和美军大规模军事演习等也使得东北亚周边存在安全威胁，推进东北亚区域合作壁垒与障碍增加。

针对上述问题与挑战，学者主要从以下两方面寻找破解路径以促进东北亚区域经济合作。第一，探索东北亚区域整体合作突破困境的解决路径是实现东北亚国家互联互通、加深区域一体化程度以及提高区域经贸发展水平的重中之重。首先，加快构建东北亚区域价值链，强化区域供应链抗风险能力。投资与贸易是参与全球价值链的主要方式，因此，为解决东北亚合作难点，区域内各国应改善地方投资环境（崔明旭、张蕴岭，2022），扩大区域内对外直接投资，提高贸易便利化水平，落实区域内既有协定以打造完整供应链、价值链（欧定余等，2020）。其次，推进东北亚自贸区构建是推动区域经济一体化的重要手段。共建"一带一路"倡议、RCEP生效等均有利于提高区域内对外开放水平，优化贸易程序，通过发挥各国比较优势与绝对优势进行优势互补（朱显平、齐霁，2021）。再次，建立互信制度是推动东北亚区域合作的关键因素。由于历史、政治、领土等问题，东北亚区域内各国之间缺乏信任，严重阻碍深入的经济合作。因此，应进一步完善内在制度，在此基础上各国应致力于加强信任制度，只有这样才能在面对摩擦时进行真诚协商（徐坡岭、陈悦，2004）。此外，充分利用APEC、RCEP等官方与民间区域合作组织，将官、产、学结合，设置论坛或协商机构供各国多领域人士讨论东北亚区域合作过程中遇到的问题并共同商议解决办法。最后，还可以通过建立人才交流、法律约束、咨询服务等有效机制推动经济技术在合作中发挥作用。

第二，以局部带动整体，从解决次区域合作难题着手，立足于目前推进较为顺利、已取得部分成果的次区域合作，有层次地推进东北亚区域合作进展。首先，"大图们江倡议"推动了东北亚区域在能源、物流、跨境旅游等领域的贸易与合作，可在此基础上通过建立更多小型合作机制，如俄罗斯在珲春建设自由港，改善俄罗斯远东地区投资环境，利用俄罗斯的能源与农业优势、中国的资金及市场与朝鲜劳动力加强三国农业合作，打开图们江出海口，为中俄朝韩日五国提供便捷高效的运输渠道（沈铭辉、张中元，2019），从而有利于东北亚国家之间贸易往来，加强联系与合作。其次，环黄渤海经济区与环日本海经济圈是调整产业结构与促进产业升级的理想区域，应利用区域内各国的优势资源进行广泛合作，将其建立成为经济、科技、文化等多方面的交流中心。再次，中蒙俄经济走廊建设是振兴中国东北老工业基地的重要途径，也是加强东北亚区域一体化的重要环节。目前，中蒙俄经济走廊建设尚处于初级阶段，仍存在较多不足之处。应加强中蒙俄三国政府互信互通、完善顶层设计与制度，同时改善不合理的贸易结构、拓宽合作领域、加强人文交流（祁进玉、孙晓晨，2022）。此外，2014年中国印发了《中共黑龙江省委、黑龙江省人民政府"中蒙俄经济走廊"黑龙江陆海丝绸之路经济带建设规划》，黑龙江紧抓此次机遇，结合共建"一带一路"倡议实现中蒙俄经济走廊与东北振兴双赢。最后，作为东北亚次区域合作中最重要的部分，应以中日韩自贸区作为切入点，先试先行。中日韩三国位置相近，贸易与投资合作往来频繁，产品互补性高，具有良好的合作基础，但是中日韩FTA长期以来没有实质性进展。一方面，要改善三国的政治外交关系，平衡美国与日韩、中国与日韩的关系（蛯名保彦，2004）；另一方面，建立能源安全合作相关组织机构，协调三国关于能源获取、开发与技术推广过程中产生的矛盾（廉晓梅，2007）。

2.2.3 关于RCEP影响东北亚区域经济合作的研究

RCEP与东北亚重叠国家为中日韩三国，学者多以中日韩为出发点研究

RCEP对东北亚国家的经济效应。RCEP实施能为包括中日韩在内成员国带来正向经济影响，增加进出口贸易、提高福利水平与区域一体化水平；改善中日韩三国贸易条件、增加国内总产出、产业互补优势更明显（钱进，2021）。RCEP下，中日韩三国的贸易效率具备提升空间，贸易潜力可以得到进一步挖掘，合作前景广阔。特别是中日双方首次达成FTA，是RCEP产生较大的经济效应的主要因素（熊谷聪、早川和伸，2021）。但是，也有学者指出RCEP有一定负面影响，RCEP地区地缘风险加剧经济政策不确定性，从而对中国与域内国家贸易合作产生负面作用。

以中日韩三国为纽带，RCEP会对东北亚区域经济有一定影响。首先，RCEP的签署是深化东亚区域经济合作的强劲推手，能够加速中日韩自贸区的发展。RCEP的签署能够降低合作的制度成本与地缘政治风险（许创颖，2021），缓解三国由于历史导致的政治不互信、领土纠纷等问题，为中日韩沟通提供更高层次的平台（原帼力、李欣，2021）。而且等同于中日韩三国达成较低标准的FTA，尤其是中日之间首次建立自由贸易关系，三国关税减让制度下贸易商品零关税覆盖率大幅提高、服务贸易自由化规则制定以及其他章节内容将为中日韩三国在货物贸易、服务贸易、知识产权、自贸区建设等多领域带来发展机遇，统一的经贸规则和"软性义务"将改善中日韩在第三方市场合作的营商环境（刘文，2021）。其次，RCEP生效有利于深化区域生产网络，促进区域内产业分工协作，深化经贸合作关系。RCEP下中日韩三国贸易成本降低，货物贸易自由化水平提高，产生贸易创造效应与贸易转移效应，有利于促进区域内构建完整、高效的产业链，优化三国产业链、供应链内部分工，减轻对欧美中间产品与市场的依赖，实现中日韩产业链、供应链持续发展（王厚双等，2022）。特别是RCEP将对中日韩FTA推进及供应链产业链整合具有积极影响（宋志勇、蔡桂全，2021），也是中国提高产业链与供应链坚韧度，提升在价值链中的地位的重要契机（王春宇、王海成，2022）。

2.2.4 关于RCEP深化东北亚区域经济合作路径的研究

东北亚区域内国家应充分利用 RCEP 先进与灵活的规则，推进 RCEP 与东北亚区域贸易、投资及更广阔领域的合作。中日韩三国也应携手合作，挖掘 RCEP 带来的制度红利（刘文，2021）。

第一，以 RCEP 为契机积极推动中日韩三方谈判，促进中日韩 FTA 建设。面对迅速变化的国际环境，唯有合作才能使中日韩三国抵御外部因素对本国经济产生的负面影响。目前，RCEP 均已在三国生效，加之疫情带来的冲击，中日韩 FTA 谈判随之迎来窗口期，中日韩三国应重视已取得的合作成果，对不同问题制定不同的对策（许创颖，2021）。

国家合作层面，RCEP 的签署为中日韩 FTA 的谈判提供有力参考，未来可借鉴 RCEP 的谈判经验使中日韩 FTA 谈判进入更高层次。三国应充分利用 RCEP，加大在传统经贸与新领域合作的谈判力度，形成自贸区"轮轴-幅条"结构，将中日韩建设成为国际高质量的 FTA（原帼力、李欣，2021）。具体来说，政治制度上，廉晓梅（2007）认为中日韩三方应协调一致，逐步建立起领导人会晤机制、部长级会议机制，逐渐将朝鲜、蒙古国和俄罗斯纳入机制之内，共同商讨关于东北亚区域合作事宜。许创颖（2021）提出中日韩在制定规则产生分歧时，应最大限度寻求共同利益，依据现实状况协商作出让步，同时改善国内经贸规则以更好对接 RCEP 规则。在世界不确定性增加的背景下，东北亚区域成员应首先解决中日韩三国之间的政治互信问题，通过中日韩 FTA 的建设激发区域一体化活力，从而改善中日韩三国关系，维护地区安全与和平。经贸合作上，中日韩在亚洲产业链中具备一定话语权，应利用 RCEP 推动三国贸易规模扩大，巩固并加强三国产业链供应链联系，重点加强新兴产业与高新技术产业的交流合作，从而推动三国经济高质量发展（王春宇、王海成，2022）。在敏感领域及产业谈判分歧的处理方面，应引入合理的解决争议机制，如灵活降税、开放领域，寻找提高开放水平与维护国家利益的平衡点。

　　民间合作层面，推动中日韩FTA建设重点从贸易、投资与人文交流方面着手。目前，中日韩三方合作建设已取得阶段性成果，应利用RCEP进一步促进三方合作从功能性领域扩展到其他领域，尤其是促进人文交流领域的合作（原帼力、李欣，2021）。在中日韩综合示范区内先行先试，与研究机构或高校联合研发核心技术，加快科技成果转化，打破人口流动障碍，落实人才政策等（王厚双等，2022）。日本作为最先步入社会老龄化、少子化的国家，在养老、护理等产业方面已具备丰富经验，中国目前已进入老年社会，康养护理需求较大，可以通过RCEP相关规则与日本进行合作，借鉴日本康养企业经营管理技术与完善的看护制度，提高中日韩三国在康养医疗产业方面的国际竞争力（陈慧，2022）。中日韩之间应重视民间多渠道与文化及经贸交流，从而推动三方政治互信，培养相互间的国民感情，缓解民众的负面情绪。具体来说，一是要利用媒体进行正面舆论引导与宣传；二是进一步促进民间在科研、文化、艺术、公共卫生与教育等方面的合作与交流；三是促进三国旅游业的发展，进而刺激旅游经济与文化交流。

　　第二，充分运用RCEP经贸规则，通过中日韩区域发展带动东北亚整体区域合作取得成效。RCEP的签署对中日两国经贸关系意义重大，中日两国在RCEP下开展先行示范，与韩国共同建立自贸关系，进而带动整个东亚乃至东北亚区域合作发展（宋志勇、蔡桂全，2021）。RCEP生效后，区域内贸易水平与贸易关系变化较大，有利于抵消逆全球化对国家经济带来的冲击。RCEP成员国经营成本降低、在各自所处产业链环节上具有优势，从而提高产品国际竞争力，东北亚其他三国与RCEP成员国可以先通过与中日韩的次区域合作，建设新跨境产业园区，形成完整价值链，从而间接利用RCEP向东盟等国进行贸易合作。RCEP是亚太地区区域一体化程度加深的重要一步，其原产地规则下有利于实现区域内价值链重构，各国企业在区域内建立供应链与产业链，带动区域内投资，在经济全球化趋势下RCEP的经济效益将会扩散，通过中日韩三国与东北亚区域相联系，东北亚区域从中获得一部分经济利益，强化区域内供应链与一体化水平。此外，不仅是中日韩FTA，RCEP的生效也为中蒙俄经济走廊建设带来机遇与动力。东北亚国家应在RCEP下提高贸易自由化与便利化水平，保障中蒙俄三边产业链稳固畅通，营造良好的贸易与投资环境。于中国而言，在积极参与RCEP的同时，面对具有更高水准的CPTPP，中国应极力促进东北亚区域合作，并与CPTPP接轨，致力于改善区域内劳工环境，逐渐从"产学研"合作到"产学研金"合作，最后实现政府间合作的渐进式发展路径，推进东北亚区域内研究与科技交流，从而推动合作更快发展（关慧，2014）。

2.3 关于中国东北外循环发展的研究

形成"以国内大循环为主体、国内国际双循环相互促进"的新发展格局，是事关全局的系统性深层次变革。在"双循环"新格局下，中国东北需要明确新时期的新定位，充分挖掘战略纵深，发挥东北面向东北亚开放前沿的优势，强化东北在中国高水平对外开放中的作用。

学者关于中国东北外循环的研究主要分为以下四个方面：一是中国东北参与外循环的现状，二是中国东北与东北亚区域合作研究，三是促进中国东北外循环发展的研究，四是RCEP下中国东北参与外循环也有了新的动向。

2.3.1 关于中国东北参与外循环现状的研究

"外循环"与"内循环"相对应，学者通常从两种角度进行解释：一是基于国民经济核算的角度，内循环和外循环分别对应内需和外需；二是从产品市场和资源供给的角度，内循环被解释为向国内市场提供产品服务和使用国内生产要素，外循环则是向国外市场提供产品服务和使用国外生产要素

（汤铎铎等，2020）。改革开放以来，中国要素禀赋持续调整，国内需求规模不断提升，经济总量跃居全球第二，内循环地位相应提升，而外循环的地位由升转降（江小涓等，2021）。"外循环"的意义也跟随时代发展不断变化，从产业分工向全球产业链演进，注重以外贸为导向、依托于国际外循环产业链的运作模式（周曙东等，2021）。

东北是中国重要的老工业基地，在中国对外开放战略中占据重要地位。2003年和2014年中国先后实施两轮东北振兴战略，社会各界将建设外向型经济、深度融入国际循环视为激活东北发展动力的重要方式之一，积极考察东北参与外循环的程度。从中国东北整体来看，对外开放度均低于全国平均水平，贸易无论在规模、质量还是效益上都比较落后，外贸对经济增长的拉动作用也较弱（张磊等，2020）。赵文举和张曾莲（2022）观察发现在中国东中西及东北三省一区中，中国东北在21世纪初期以来的经济双循环耦合协调度一直处于第二位，但从2013年开始迅速下降，2017年起已成为当前中国经济"内循环"与"外循环"耦合协调性最差的地区。从东北各省区来看，不同省区参与外循环程度存在差异。东北各省区中，辽宁的对外开放程度最高，且以日韩为主要贸易对象（庞英，2004）。周玲玲等（2021）从最终需求角度出发，对比中国双循环发展格局的演变特征，以出口直接依存度衡量中国参与国际循环的程度，发现近年来包括吉林、黑龙江、内蒙古在内的大部分省区在国际循环的参与度降低，而辽宁参与国际循环的程度则有所提升。

中国东北参与外循环的现状与东北经济发展息息相关。东北老工业基地与东北亚各国的双边贸易总体趋势发展向好，但在贸易规模和品牌意识等方面有待提升，还在地区发展平衡性和东北统一大市场建设方面有所欠缺。东北老工业基地衰退的重要原因之一，是中国东部沿海地区在全球经济循环链条中的深度嵌入，导致与国内经济循环的联系被削弱，对东北工业造成替代效应，使其与国内经济循环脱钩、经济增长动能减弱。由于东北与国内其他区域的价值链联结程度低，间接使得东北在全球价值链中贡献不高，参与价值链合作对经济的带动作用也相应较弱。另外，东北经济增长乏力，产业转型升级迟滞，对于融入外循环也存在一定障碍（孙久文、陈超君，2021）。

2.3.2 关于中国东北与东北亚区域经济合作的研究

与东北亚国家合作是东北融入外循环的重要一环。中国作为东北亚的核心国家，中国东北又地处东北亚中心腹地的重要位置，得天独厚的区位优势使得东北与东北亚国家具备联动基础（何剑，2004）。资源、资金、技术、市场四个方面的互动性使得东北与东北亚国家合作空间广阔，东北振兴战略与东北亚区域经济合作互为机遇、互相促进。一方面，东北振兴战略的实施为东北亚区域经济合作搭建了稳定的制度平台，国有企业改革为东北亚国家特别是日韩企业创造了更多的投资机会，基础设施建设为东北亚区域经济合作提供重要的物质保证；另一方面，东北亚区域经济合作是推动中国东北经济体制机制改革的重要动力，也是东北人力资源开发与解决就业问题的重要措施，中国东北可以与东北亚国家相互协作共同带动经济增长。

中国东北与东北亚其他五个国家经贸合作紧密。李天籽（2014）指出中国东北参与东北亚次区域合作面临较高的边界效应，东北沿海沿边城市在参与东北亚次区域合作中更具优势，中国东北参与东北亚各国的贸易往来均未达到饱和。其中，中国东北与日本、韩国和俄罗斯的贸易合作有所深化，贸易潜力较大且亟待进一步挖掘；东北同朝鲜、蒙古国的市场拓展空间较大，但贸易合作潜力相对较低，主要是囿于基础设施建设落后、相关法规体系不健全等消极因素。施锦芳和李博文（2021）研究发现中国东北与东北亚国家贸易合作紧密且空间广阔，从国别来看，可扩展贸易潜力由高到低依次是俄罗斯、韩国、日本和蒙古国；从省区来看，可扩展贸易潜力由高到低依次是辽宁、黑龙江、内蒙古和吉林。刘志高等（2016）研究指出，中国东北以日韩、德国、美国和俄罗斯等为主要贸易伙伴，且对外贸易的商品结构趋同性显著，以原材料、初级加工品和劳动密集型产品等为主，未能充分发挥地区比较优势。

2.3.3 关于促进东北外循环发展的对策研究

基于"双循环"视角，学者们指出促进东北外循环发展既要扩大对外开放，又要通过内循环为外循环提供动力。

一是从外循环入手，扩大中国东北的对外开放。韩博和郑宇轩（2022）指出中国东北需要深化沿边区域合作，与东北亚国家开展能源、资金、技术、消费等多领域的交流与合作，带动东北沿边地区以及老工业基地的制造业转型升级，打造国境内外的互联互通网络。周宏春（2017）提出，中国东北应抢抓共建"一带一路"倡议的重大契机，积极利用毗邻的俄罗斯、韩国、日本的区位优势，推动产业发展与共建"一带一路"倡议实施的良性互动，着力将东北打造成中国向北开放的前沿。中国东北可以从深度参与东北亚国家间合作，完善面向东北亚的跨境开放通道，建设高水平开放合作平台等方面实现高水平对外开放。

二是通过对内改革，为中国东北参与外循环提供助力。深度融入全球经济循环需要以对内开放为抓手，推动构建竞争有序的东北区域大市场，依托东北装备制造业优势，整合东北工业价值链，扶植技术创新生态，推动技术与市场相互促进。胡伟等（2020）强调为实现中国东北打造成对外开放新前沿的目标，需要率先推动开放型经济体制机制改革，探索升级自由贸易试验区发展模式，打造面向东北亚的跨境大通道，创新东北亚区域合作模式，扩大沿边地区开发开放。

2.3.4 关于RCEP下中国东北参与东北亚区域合作的路径研究

RCEP正式生效为中国经济发展注入新活力，东北也迎来了难得的发展机遇，RCEP以高水平规则促进区域合作层级全面提升，可以有效推动中国东北与 RCEP 成员国的货物贸易、服务贸易、数字贸易畅通，推动东北在更深层次、更大范围上参与区域价值链。

因此，中国东北需要抓住 RCEP 生效实施的契机，深度融入 RCEP 区域经济圈，促进东北经济外循环发展。中国东北可以用好 RCEP 关税减让与原产地累积规则，深耕日韩，打造面向东北亚开放新前沿；通过 RCEP 协定中有关数字经济和电子商务条款，推动东北与日韩数字经济领域合作；加快推进东北与东北亚旅游、健康等领域合作；用好、用活东北各类经贸合作平台，加快推进制度型开放。袁波等（2022）以日韩为重点，提出中国东北应抓住 RCEP 生效实施形成区域统一大市场的契机，加强对日韩贸易投资促进，深化产业合作，加快东北陆海联运通道，拓展中日韩第三方市场合作，整合利用中日韩人才与创新等资源，加速构建东北振兴新局面。要充分发挥中国东北特殊地缘优势，抓住 RCEP 与共建"一带一路"倡议的重要机遇，深化与东北亚区域各国的经贸合作，推进中蒙俄经济走廊建设步伐，提升贸易便利化与互联互通建设程度；在东北探索构建更高层级、更广范围、更深程度的中日韩自由贸易一体化试点，打造中日韩合作项目典范；围绕优势产业打造合作产业园区，吸引日韩资金、技术、产业落地东北。

2.4 文献评述

通过上述对关于 RCEP、东北亚区域经济合作、中国东北外循环的相关文献进行梳理可知：第一，国内外学者通过定性和定量研究对于 RCEP 的积极作用达成共识，认为 RCEP 的生效实施将带动区域经济增长，中日韩三国也将从 RCEP 中受益匪浅。学者指出 RCEP 可以成为中日韩 FTA 建设、东北亚区域经济一体化发展的机遇。RCEP 与 CPTPP 共同作用，可以带动亚太区域经济一体化发展。第二，学者对东北亚区域经济合作的动向、挑战及破解路径进行研究，指出东北亚区域受政治、经济、文化以及国际环境等因素影响，区域经济合作状况存在波动，RCEP可以通过中日韩三国影响东北亚区域合作。中日韩可以RCEP为契机积极推动三方合作深化，促进中日韩FTA建设，通过中日韩区域发展带动东北亚整体区域合作取得成效。第三，学者通常以参与国际经济合作的情况来衡量外循环参与情况，且普遍认为外贸在中国东北经济发展中发挥了关键作用。在"双循环"背景下，中国东北积极参与外循环，特别是凭借区位等优势与东北亚国家深度合作，但也存在一些问题。对此，学者指出需要从内外两个角度来提升东北外循环的参与程度，并将RCEP视为东北振兴和对外开放的重要机遇。

以上研究全面而详细地分析了RCEP、东北亚区域经济合作、中国东北外循环发展的相关内容，为本书的整体框架构建及深入研究奠定基础，但同时也为本书留有一定的空间。第一，关于RCEP影响的研究多以中日韩等成员国为研究对象，关于RCEP与蒙古国、俄罗斯、朝鲜等其他东北亚国家以及东北亚区域整体的定性研究较少，实证研究更为不足。第二，关于东北亚区域经济合作的研究时效性有待加强，RCEP背景下东北亚区域经济合作的路径研究有待丰富，特别是如何利用RCEP促进中日韩FTA建设需要进一步深入发掘。第三，关于中国东北外循环现状的研究主要从全国层面进行考察，聚焦于东北外循环现状的研究较少，特别是结合RCEP讨论东北外循环提升路径的研究有待丰富。第四，将RCEP与东北亚区域相结合，以中日韩三国为重叠国家，讨论"RCEP+东北亚"区域联动性的现状、问题与对策等的研究成果更为鲜见。

鉴于此，本书基于多层次区域协调联动发展视角，综合运用多种研究方法，讨论"RCEP+东北亚"区域经济联动发展的现状，并与中国东北外循环发展相结合，深入分析"RCEP+东北亚"区域联动的路径及其对东北外循环发展的推进作用，突出发挥中日韩三国的纽带作用。另外，本书从RCEP规则条款入手，结合养老服务等中观角度，进一步挖掘中国以及东北经济高质量发展的潜力，并提出更具针对性、实效性的对策建议。

3

RCEP对中国东北经济的重要性

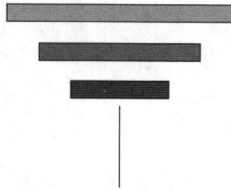

中国积极推动区域经济合作，构建 FTA 网络，特别是 RCEP 这一巨型 FTA 的生效实施，不仅有效推动中国与 RCEP 成员国的经贸合作，也为中国"双循环"良性互动提供新动能。中国东北地区与 RCEP 成员国经贸合作密切，RCEP 的生效实施也为东北地区做好对外开放大文章、融入更大范围的区域经济合作提供了新的发展契机。本章介绍了 RCEP 的主要规则及其特征，同时分析中国东北经济发展及其与 RCEP 成员国经贸合作的现状，并以养老规则为例探究 RCEP 规则在中国东北的应用，阐明 RCEP 对于中国东北经济发展的重要性。

3.1　RCEP 规则主要内容及特征

3.1.1　RCEP 规则主要特征

RCEP 是由东盟主导，6 个"10+1"FTA 成员国[①]参与的全球经济规模最大的自由贸易协定。2012 年 11 月，在东盟主导下，RCEP 谈判正式启动；经过 8 年的谈判，于 2020 年 11 月，除印度之外的 15 国通过视频方式，正式签署了 RCEP；2022 年 1 月 1 日起，RCEP 对成员国逐一生效；2023 年 6 月，实现了成员国全面生效。RCEP 的生效首次优化整合了区内国家的贸易规则，在全球经济下滑、地缘冲突不断的背景下为深化亚太地区的分工合作提供稳定的经济秩序环境。

RCEP 具有全面性、先进性、包容性、互惠性四大特征（施锦芳、李博文，2021）。从条款的角度来看，RCEP 的 20 个章节具有议题涵盖广、规则先进的特征，其条款兼具广度和深度，囊括了传统条款与国际高标准条款。

[①]　成员国包括：中国、日本、澳大利亚、新西兰、印度、韩国及东盟 10 国（文莱、柬埔寨、印度尼西亚、老挝、马来西亚、菲律宾、新加坡、泰国、缅甸和越南）。

一方面，RCEP在货物贸易、服务贸易以及投资等传统条款的基础上进一步深化。在货物贸易领域，RCEP对标国际最高开放标准，远超WTO《贸易便利化协定》国际通用标准；在投资领域，中国首次采用负面清单的方式对成员国进一步开放国内市场。另一方面，RCEP的条款对标欧美高标准协定，将知识产权、电子商务、竞争等新兴发展议题纳入协定当中，鼓励成员逐步对接国际高标准贸易规则。

从成员国的角度来看，RCEP秉持互惠互利的原则，对成员国的加入展现包容性。RCEP的成员国经济水平跨度较广，包含了亚洲最发达的日本、韩国和世界最不发达的国家，为平衡区域内发展，使得最不发达国家同样能够享受发展红利。在条款的设定上，一方面，RCEP充分考虑最不发达国家条款实施的挑战，在条款生效时间、例外章节中给予最不发达国家准许其滞后生效甚至条款不适用等特殊待遇，令其有充分的时间作出调整，也为其国内监管留出余地；另一方面，RCEP设立贸易救济和经济与技术合作章节，为最不发达的国家提供资金及技术方面的实质帮助，从根本上帮助其经济发展，融入区域一体化当中，实现真正的深度合作。

RCEP的条款共有20个章节，其中包含初始条款和一般定义、一般条款和例外、机构条款、争端解决与最终条款5个流程性章节和15个实质性章节（见表3-1），以及服务贸易章节下3个附件文件。就内容而言，RCEP的条款侧重于货物、服务、投资三大类传统贸易议题，也考虑成员国各方利益诉求，引入了贸易救济和经济与技术合作两大协助最不发达国家发展的议题，以及知识产权、竞争、政府采购等发达国家关注的公平议题。

RCEP的传统贸易条款在现行国际贸易规则基础上进一步深化，旨在提高贸易便利化、投资自由化、畅通货物及生产要素的流动。货物贸易方面，条款着重减少边境措施来促进货物贸易的自由流动。一是对内削减关税壁垒，同时提高区域内保护程度。区域内全面降低关税水平，成员国直接或分阶段于10年内实现对除农产品外超过90%的货物贸易零关税，同时，RCEP

采用

表3-1 RCEP实质性章节及其主要内容

	章节编号及名称	主要内容
货物贸易	二、货物贸易	旨在降低关税壁垒，削减甚至免除关税，从而促进货物贸易自由
货物贸易	三、原产地规则	在原产地判定规则的基础上实行区域内原产成分累积规则，进一步保护区内贸易，并对申请程序进行详细说明
货物贸易	四、海关程序与贸易便利化	对标CPTPP等国际高标准贸易规则，旨在提高管理效率，实现快速通关，为区域供应链的形成提供制度环境，包括预裁定、过境便利措施、风险管理等海关措施
货物贸易	五、卫生与植物卫生措施	权衡贸易与人类、动、植物的健康，在WTO《实施卫生与植物卫生措施协定》基础上强化风险管控
投资规则	六、标准、技术法规和合格评定程序	旨在降低标准、技术法规和合格评定等边境后壁垒，在《技术性贸易壁垒协定》基础上鼓励成员国间在标准、技术法规和合格评定方面的谅解、交流与合作
发展议题	七、贸易救济	旨在帮助最不发达国家应对关税削减带来的冲击，包括"保障措施"和"反倾销和反补贴税"
服务贸易	八、服务贸易	旨在降低成员间服务贸易的限制措施，为服务的跨境贸易提供条件，包括国民待遇、最惠国待遇等传统准入承诺，以及6年内由正面清单转为负面清单的要求
服务贸易	九、自然人临时移动	旨在提高区域内人员流动效率，包括自然人临时入境和临时停留所作承诺的批准规则及具体条件和限制

	章节编号及名称	主要内容
投资规则	十、投资	整合原东盟"10+1"自由贸易协定条款，包括最惠国待遇、禁止业绩要求及负面清单等准入承诺
公平议题	十一、知识产权	对标欧美高标准贸易规则，基于《与贸易有关的知识产权协定》对著作权、商标、反不正当竞争等知识产权的立法、执法问题作出规定
发展议题	十二、电子商务	旨在促进成员国间利用数字技术提高贸易效率与对数字技术的交流合作，包括电子商务鼓励条款、个人信息及线上消费者权益保护条款及跨境数据传输等相关条款
公平议题	十三、竞争	旨在通过立法构建公平竞争市场，从而提高区域内整体经济效率，包括禁止限制竞争的活动、对外资及消费者权益保护的条款
公平议题	十四、中小企业	旨在提高成员国间中小企业的合作，为其从协定中获益提供条件，包括对与中小企业相关法律法规、政策等商务信息共享的规定
发展议题	十五、经济技术合作	旨在平衡区域内经济发展，优先考虑最不发达国家，缩小成员国间差距，包括在货物、服务、投资、知识产权等方面的技术援助
公平议题	十六、政府采购	旨在促进市场公平竞争，加强成员国政府采购间合作，包括对法律、法规和程序的透明度的规定

资料来源：笔者根据RCEP文本整理。

区域累积原产地规则这一边境后措施，对生产过程中来自RCEP成员国的价值成分给予优惠税率，从而保护区域内供应链的安全。二是降低非关税壁垒，提高通关效率。RCEP条款几乎包含了现有的所有海关便利化条款，条款深度超过WTO《贸易便利化协定》这一国际通行标准，分别从货物入境前、通关进出境、通关后三个阶段简化贸易手续，将通关手续前置或以后续管理的手段提高通关效率，包括预裁定、抵达前处理、对经认证的经营者的贸易便利化措施、货物放行、快运货物以及风险管理后续稽查等条款。

在服务贸易和投资方面，RCEP均要求"负面清单"的准入承诺，但考虑到成员国在经济发展水平上的差异，均为成员国留出监管余地。RCEP的服务贸易章节旨在减少限制性、歧视性措施，在金融服务、电信服务、专业服务3个行业以附件形式作出详尽规定。准入方面，RCEP为仍执行"正面清单"的国家留出6年的调整期。RCEP的投资章节结构及内容基本借用于代表国际最高标准的CPTPP和USMCA，涵盖投资自由化、投资促进、投资保护和投资便利化措施四个方面，适用范围较广。RCEP在准入方面以引导的方式引入"准入前国民待遇+负面清单"的管理模式，且为成员国保留限制准入权力。

在国际关注的前沿议题方面，RCEP既包含了知识产权、竞争、政府采购、中小企业等西方发达国家聚焦的规则，通过提高立法、执法及法律法规透明度完善投资环境；也包含了电子商务等顺应全球数字化潮流的规则，深化区域内合作。此类议题旨在对标发达国家贸易规则，但考虑到最不发达国家经济水平对此类条款执行能力的限制，多做过渡期、例外等安排，以软性条款的方式引入。同时，针对最不发达国家，RCEP安排了贸易救济和经济技术合作章节，鼓励成员国在货物、服务、投资等多方面为区域内最不发达的国家提供技术及能力建设援助从而缩小缔约方间经济差距，实现互惠互利。

3.1.2　货物贸易

1）关税

RCEP为逐步消除成员国之间的关税壁垒，采取立即降至零关税与逐步减让相结合的降税模式，并根据成员国采取不同的关税减让安排。其中对东盟成员国、日本、韩国、澳大利亚和新西兰采用不同规定、分阶段进行关税减让，满足不同发展水平成员国的需求，最终实现货物贸易自由化（久野新，2021）。

RCEP成员国之间大多已签署双边或多边FTA，具体情况是：东盟分别与中国、日本、韩国、澳大利亚和新西兰签订了FTA；日本、澳大利亚和新西兰同属CPTPP；中国、韩国、澳大利亚和新西兰四国之间也已互相签署FTA。遗憾的是，中日、日韩之间尚未签署FTA。因此，RCEP事实上促成了中日与日韩之间的第一个FTA，即在RCEP框架下中日韩三国达成了首个自由贸易协定。中日韩三国同为全球重要经济体，多年来，三国GDP总量和进出口贸易总额均超过全球1/5，是推动世界经济发展不可或缺的力量。中日韩的经济体量在RCEP中占据重要地位，三国双向贸易及与RCEP其他成员国的贸易往来密切且规模巨大，基于此，本书将探究RCEP框架下，关税减让对中日韩贸易的影响，以推动中国东北与日韩经贸合作，提高对外开放水平。由于东北亚地区仅中日韩三国参与RCEP，因此本部分主要研究并分析中日韩在RCEP框架下的内容及影响。

RCEP下中日韩三国的关税承诺并非统一，而是分别采取不同的关税减让承诺，共有6张关税承诺表。三国承诺大幅下调以工业品为中心的商品关税税率，放宽市场准入，极大程度上减轻了之前较高关税率对三国本土企业产生的负面影响。RCEP框架下中日韩之间的关税承诺内容如表3-2所示，三国对产品的零关税覆盖率都达到80.0%以上，不在免税范围内的产品比重小于20.0%。根据FTA的贸易创造效应，普通关税率与最惠国关税率差额越大，贸易创造效应越大。表3-2中日本的最惠国平均关税税率低于中国和韩国，从长期来看，日本能从RCEP中获得更大利益（Okabe，2014）。

表3-2　　　　　　　　RCEP框架下中日韩三国关税承诺　　　　　　单位：%

国家 比率	中国		日本		韩国	
	日本	韩国	中国	韩国	中国	日本
零关税覆盖率	86.0	86.0	85.5	80.7	86.0	83.0
立即免税率	25.0	38.6	55.2	63.9	50.4	41.4
不在免税范围内的产品	13.6	13.0	14.5	18.8	12.9	17.0

资料来源：笔者根据RCEP关税承诺表整理制作。

首先，日韩在RCEP下对中国的关税承诺。第一，日本对中国的关税承诺。如表3-3所示，农产品方面，2019年中国对日本出口产品中农产品的比重为5.3%。日本对中国的关税承诺中，出于对大米、小麦、牛肉和猪肉、乳制品、甜味资源作物、鸡肉及肉制品等6个重要品种的保护，不取消此类产品关税，因此，对中国农产品的零关税覆盖率仅为55.7%；工业产品方面，中国对日本出口工业产品比重较大，2019年对日本出口工业产品比重为36.7%。关税承诺下，日本面向中国的零关税覆盖率从之前47.0%上升到96.7%，除皮革、鞋类和工业酒精之外，化学品和石油将在第11年和第16年取消关税，对中国约87.0%的汽车零部件取消关税，协议生效后第11年和第21年零关税覆盖率还将提高。第二，韩国对中国的关税承诺。自2015年中韩FTA生效至今，中国利用关税减让优惠，对韩国的进口额逐渐增加。中国对韩国的出口结构以工业产品为主，2019年，中国对韩国出口农产品和工业产品占所有产品比重分别为3.5%和39.3%。RCEP生效后，关税的削减和取消能够进一步降低中韩两国之间的关税。协定中，韩国对中国整体的零关税覆盖率为86.0%，立即取消关税产品比重为50.4%，不在削减范围内的产品比重为13.0%，其中主要部分是一直保持高税率的农产品。此外，韩国对中国的关税承诺中还涵盖了超出中韩FTA关税减让范围的产品，如鹿茸、糊精、干贝和瓷砖等。工业产品方面，除自动两轮车和拖车，韩国对中国产品给予较大关税减让，如化学品、纺织品、机械产品和钢铁制品等都将在RCEP生效后立即实现零关税，对于汽车零部件在协议生效后第10年也将实现零关税。

表3-3　　　日韩对中国关税承诺及中国对日韩出口结构（2019年）　　单位：%

国家及结构 品种	日　本	韩　国	日本不在免税范围内的产品	韩国不在免税范围内的产品	中国对日本出口产品比重	中国对韩国出口产品比重
农产品	55.7	61.7	42.9	38.2	5.3	3.5
工业产品	96.7	91.6	2.9	8.4	36.7	39.3
非电动机械	100.0	86.4	0.0	13.5	16.6	12.2
电气机械	100.0	98.0	0.0	1.7	24.0	33.3
交通运输机械	100.0	44.8	0.0	55.2	2.9	2.9
精密机械	100.0	99.5	0.0	0.5	2.2	2.2

注：工业产品包括纺织品、纸和木制品、化学制品、石油和石炭制品、窑业和土石制品、钢铁、非铁金属及金属制品，下同。

资料来源：笔者根据RCEP附件一《中国对韩国关税承诺表》、日本经济产业省《地域的な包括的な経済連携（RCEP）協定における工業製品関税（経済産業省関連分）に関する内容の概要》、农林水产省《RCEP農林水産品輸出関連の主な合意内容》整理制作。

其次，中韩在RCEP下对日本的关税承诺。中国对日本的关税承诺，如表3-2所示，RCEP生效后，中国对日本零关税产品的比重将从8.4%上升到86.0%，与未签署协定之前相比大幅提升。包括现行无税品种在内，对日本立即降至零关税的产品比重为25.0%，协定生效后第11年，将有71.5%的品种实现零关税，第21年时再对剩下14.5%的商品降至零关税，减少其余0.4%的产品关税。农产品方面，2019年日本对中国出口产品结构中，农产品占比较低，仅为 0.7%。中国承诺对日本 83.8% 的农产品逐步实现零关税，日本的水产品、加工食品和特色酒类等将享受零关税待遇，如在协定生效后第 21 年取消对清酒征收 40.0% 的关税。因此，此次关税减让是对日本在中国具有较高市场占有率的出口产品的关税再削减（中田一良，2020）。工业产品方面，2019 年日本对中国出口工业产品占总出口的 34.5%，远高于其他品种产品。中国立即取消日本部分化学制品和纺织品的关税，并将在 RCEP 生效后第 11 年和第 16 年取消不同用途机械产品的关税，对日本精密机械和非电动机械的零关税覆盖率分别达到 93.0% 和 86.6%。此外，韩国对日本的关税承诺。整体上，韩国对日本产品的零关税覆盖率从之前 16.0% 大幅上升到 83.0%，对 41.4% 的产品立即降至零关税，到 RCEP 生效第 10 年将对日本 73.8% 的商品实现零关税承诺，第 20 年再免除剩余 9.2% 产品的关税。农业作为日韩的敏感领域，农产品贸易往来限制较多，2019 年日本对韩国出口农产品占比仅为 1.0%，且两国之间的零关税覆盖率较低，但农产品中征收 15.0% 关税的清酒在第 15 年降至零关税。工业产品方面，2019 年日本对韩国出口产品中工业产品占比过半，比重高达 54.8%，在对韩国出口产品中占据核心地位。RCEP 关税承诺中，韩国主要对日本的有机化学品、纺织品、非电动机械和交通运输设备等立即降至零关税，对日本汽车零部件的零关税覆盖率为 78.0%。精密机械和电气机械的零关税覆盖率分别为 99.5% 和 98.3%（见表 3-4）。而且日本对这些产品的出口数额较大，因此，有利于扩大日本出口贸易规模，通过利用三国在农业产业链和工业产业链上的互补性促进中日韩贸易全面发展。

2015 年 12 月中韩 FTA 生效至今，已经历 7 次关税削减，双方贸易产品的零关税覆盖率不断提高，中韩贸易往来更加密切。对比中韩 FTA 与 RCEP 的经济效应发现，自由贸易协定中成员越多、市场规模越大越有利于中国经济发展。因此，RCEP 对中国和韩国经济增长的驱动力将大于中韩自由贸易协定。

表3-4　　　　中韩对日本关税承诺及日本对中韩出口结构（2019年）　　　单位：%

国家及结构／品种	中国	韩国	中国不在免税范围内的产品	韩国不在免税范围内的产品	日本对中国出口产品比重	日本对韩国出口产品比重
农产品	83.8	46.2	12.4	38.2	0.7	1.0
工业产品	86.4	91.5	12.4	8.4	34.5	54.8
非电动机械	86.6	86.2	13.4	13.5	17.1	12.8
电气机械	82.2	98.3	16.8	1.7	26.9	19.4
交通运输机械	51.2	44.8	42.4	55.2	11.4	4.9
精密机械	93.0	99.5	5.8	0.5	7.6	4.9

资料来源：比重根据RCEP附件一《中国对韩国关税承诺表》、日本经济产业省《地域的な包括的経済連携（RCEP）協定における工業製品関税（経済産業省関連分）に関する内容の概要》、农林水产省《RCEP農林水産品輸出関連の主な合意内容》整理制作。

最后，中日在RCEP下对韩国的关税承诺。如表3-5所示，2019年，韩国对中国出口农产品和工业产品占货物总出口的比重分别为0.7%和35.0%，出口工业产品占比远高于农产品。RCEP框架下，中国对韩国的零关税覆盖率最终能够达到86.0%，农产品、工业产品和非电动机械的零关税覆盖率均超过80.0%。且在协定生效后第10年，中国极大提高对韩国的水产品、果蔬产品和饮料等农产品的零关税覆盖率。此外，中韩自由贸易协定中，中国未对化工品、机械类和汽车等工业产品承诺零关税，在RCEP中则承诺对于部分化工制品关税立即降为零，对机械类产品协议生效后的第10年实现零关税，汽车零部件第10年、第16年和第21年分阶段实现零关税等，给予了更大程度的关税优惠。日本对韩国的关税承诺，在农产品方面，2019年韩国对日本出口农产品的比重为9.0%，高于日本对韩国农产品出口比重。RCEP

框架下日本对韩国农产品的零关税覆盖率为47.7%，除了上述日本规定的六个重要的农产品，对韩国还将几乎所有的蔬菜排除在关税承诺之外，仅对加工后的农产品进行关税削减或降至零关税。工业产品方面，日韩双边货物贸易受工业产品影响较大，2019年，韩国对日本出口工业产品比重高达59.0%。日本对韩国的关税承诺中，整体工业产品的零关税覆盖率从之前的47.0%最终上升到93.0%。日本对韩国约78.0%的汽车零部件取消关税，并在协定生效后的第11年和第21年增加此类产品的零关税覆盖率，对除皮革、鞋类、工业酒精之外的工业产品立即取消关税或第11年、第16年取消关税。

表3-5　　　中日对韩国关税承诺及韩国对中日出口结构（2019年）　　单位：%

国家及结构 品种	中国	日本	中国不在 免税范围内 的产品	日本不在 免税范围内 的产品	韩国对中国 出口产品 比重	韩国对日本 出口产品 比重
农产品	85.4	47.7	12.4	42.9	0.7	9.0
工业产品	86.1	93.0	12.4	2.9	35.0	59.0
非电动机械	82.7	100.0	13.4	0.0	10.0	11.7
电气机械	80.9	100.0	16.8	0.0	45.3	12.4
交通运输机械	53.2	100.0	42.4	0.0	1.1	3.6
精密机械	94.2	100.0	5.8	0.0	7.4	1.4

资料来源：根据RCEP附件一《中国对韩国关税承诺表》、日本经济产业省《地域的な包括的经济连携（RCEP）协定における工业製品関税（经济产业省関连分）に関する内容の概要》、农林水产省《RCEP農林水产品輸出関连の主な合意内容》整理制作。

实现货物贸易自由化是各国签署FTA的主要目的，协定成员国通过减少或消除关税壁垒能够降低贸易成本，扩大本国货物贸易规模，有利于产生贸易创造与贸易转移效应（刘文，2021）。中国加入WTO以来，货物贸易推动了中日韩之间贸易规模迅速扩大，但三国依然对占贸易总额大约一半的商品征收关税，阻碍三国之间货物贸易进一步发展。

中日韩最惠国关税不断调整。如表3-6所示，2020年多数产品关税率相较2006年降低明显，说明中日韩为促进货物贸易发展不断进行协商合作。其中，日本和韩国农产品的关税率明显高于非农产品的关税率，2006年和2020年日本对乳制品的关税率分别高达178.1%和89.3%，韩国对谷物类的关税率2006年为134.3%，2020年升高至187.1%。在非农产品方面，日本整体关税率低于中国和韩国，2020年除化学制品、纺织品、衣物、皮革和鞋类产品之外的关税率均低于1.0%，非电力机械和交通运输设备甚至达到零关税。因此，中日韩的关税率还存在削减的余地。

表3-6　**中日韩产品最惠国平均关税税率变化情况**　单位：%

品种＼年份		中国		日本		韩国	
		2006年	2020年	2006年	2020年	2006年	2020年
农产品	畜产品	14.8	13.3	15.5	11.1	22.1	21.5
	乳制品	12.2	12.3	178.1	89.3	76.5	66.0
	水果、蔬菜、植物	14.9	12.2	12.9	11.9	57.2	58.7
	咖啡、茶	14.6	12.3	16.7	15.1	53.9	56.4
	谷物类	24.4	19.5	76.6	34.6	134.3	187.1
	油脂类	11.0	10.9	10.8	12.9	37.6	40.7
	糖、糖果	27.4	28.7	27.3	22.1	19.0	15.7
	饮料、烟草	22.7	18.2	15.5	14.4	31.7	31.4
	棉花	22.0	22.0	0.0	0.0	1.0	0.0
	其他农产品	12.0	11.8	6.3	4.0	15.9	20.4
	鱼、鱼肉制品	11.0	7.2	5.7	5.7	16.1	16.7

品 种	年 份	中国		日本		韩国	
		2006年	2020年	2006年	2020年	2006年	2020年
非农产品	矿物、金属	7.7	6.3	1.0	1.0	4.8	4.6
	石油	4.5	5.3	0.7	0.7	5.1	4.5
	化学制品	6.7	6.2	2.5	2.1	5.8	5.6
	木材、纸制品	4.9	3.2	0.9	0.9	2.4	2.4
	纺织品	9.7	7.0	5.5	5.4	9.2	9.0
	衣物	16.1	6.8	9.3	9.0	12.6	12.5
	皮革、鞋类	13.0	10.6	15.0	10.1	7.9	7.6
	非电动机械	8.3	6.8	0.0	0.0	6.0	5.8
	电气机械	8.7	5.6	0.2	0.1	6.0	5.3
	交通运输设备	11.6	9.6	0.0	0.0	5.4	5.7
	其他工业产品	11.7	6.7	1.1	1.2	6.4	5.3

注：WTO最早公布的 *World Tariff Profiles* 为2006年。

资料来源：笔者基于WTO发布的 *World Tariff Profiles*（2006、2020）整理制作。

2）原产地规则

东亚地区生产网络成熟，区域内分工合作关系密切，但缺乏统一的经贸合作制度，RCEP生效后将有望解决这一困境（马涛、徐秀军，2021）。对中日韩而言，RCEP实质上实现了在三国之间首次建立自由贸易伙伴关系。RCEP原产地规则有利于降低中日韩三国货物贸易获得原产地资格的门槛，通过利用优惠关税降低三国企业贸易与投资成本，促进中日韩在贸易与投资领域的合作；通过区域内转移扩大供应商的范围与数量，有利于形成区域供应链数字化，扩大东亚区域供应链与生产链（王中美，2022）。基于此，本书将梳理归纳 RCEP 下原产地规则的内容与特征，分析其给中日韩三国以及中国东北与中日韩三国合作带来的影响。

随着生产分工协作在全球范围内开展，越来越多的国家参与到国际分工体系中，区域生产与供应网络逐渐完善，生产要素流动加快，全球经济一体化程度不断加深。为促进国际贸易发展，世界各国制定相关战略以推动自由贸易协定建设。面对此状况，企业开始重视自产产品是否能够获得原产地资格，从而利用 FTA 的优惠关税待遇。但在国际分工下，产品使用的所有原材料及零部件都由本国供应并在国内生产加工成最终产品的情况极少，因此由多个国家供应材料或生产加工的产品，需要通过制定原产地规则来判定其原产国，并给予相应的关税及通关待遇。

首先，梳理与分析全球原产地规则现状及局限。原产地规则的主要内容包括原产地标准、直接运输规则和原产地证书，其中最为重要的原产地标准又分为全部产地生产标准①和实质性改变标准②两类。实质性改变标准以税则归类改变标准（CTC）③为主，区域价值成分标准（RVC）④和加工工序标准（TECH）⑤为补充标准。自由贸易协定中，通常不单独使用以上三条实质性改变标准，而是将其组合使用。例如，判断货物原产地时，在使用税则归类改变标准的情况下，虽然大部分原产材料的增加值在出口区域内产生，但是由于使用了少量的非原产材料，可能无法享受 FTA 的关税优惠。可见，这种判定货物原产地方式的绝对性会导致较大的偏差，对产品生产造成负面影响，需要其他标准进行补充。

FTA 下生产或制造的货物能否享受优惠关税取决于是否满足原产地规

---

① 全部产地生产标准（或完全原产产品标准）指全部使用本国产的原材料或零部件生产、制造的产品。
② 实质性改变标准是指使用进口的原材料在出口国生产加工导致产品外形或用途发生改变。
③ 税则归类改变标准指若货物加工使四位数级税目归类发生变化，即以使其发生变化的国家为货物原产地。
④ 区域价值成分标准是通过计算区域内对原产材料进行加工后增值部分占货物价值的比重以判断产品是否符合原产地标准。不同协定框架下的区域价值成分标准各有不同，区域价值成分标准设定越高，原产地证明的取得越困难。
⑤ 加工工序标准指货物若符合加工工序清单要求即可被认为是原产地货物。

则，原产地规则是 FTA 的重要组成部分。基于保护本国利益，各经济体之间缔结的 FTA 原产地规则存在差异。全球原产地规则中，影响力较大的 FTA 分别为北美自由贸易协定（North American Free Trade Agreement，以下简称 NAFTA）[1]、欧洲经济区（European Economic Area，以下简称 EEA）和东盟自由贸易区（ASEAN Free Trade Area，以下简称 AFTA）。NAFTA 原产地标准以税则归类改变标准为主，又针对重要产品种类引入区域价值成分标准，对区域价值成分、原产材料的累积规则等的计算要求更加精准；EEA 使用区域价值成分标准和加工工序标准，原产地证明采取出口商原产地声明制度；AFTA 以区域价值成分标准为基础，区域内多国都选择由政府机构签发原产地证书，但也有部分国家采取出口商自主原产地声明制度。

虽然原产地规则对促进 FTA 成员国之间的贸易与投资合作具有重要作用，但是也存在局限：第一，若原产地规则过于严苛，出口商为满足要求将被迫提高生产成本。当满足原产地要求导致企业生产成本大于原产地带来的优惠时，FTA 给企业带来的利益会消失，企业对 FTA 的利用率也将下降。而且，当区域内生产原材料或中间品的企业生产率与区域外企业相差较大时，进口商为满足原产地规则，将不得不购买区域内企业生产力较低的商品，导致进口成本增加。因此，即使关税税率的降低能够为出口企业带来利益，但是面临不断增加的生产与贸易成本，企业也会减少对 FTA 的使用。第二，不同自由贸易协定的原产地判定标准存在差异。随着全球签署的 FTA 数量增加，不同的原产地规则逐渐被引入，各 FTA 对同一种类产品的关税优惠和原产地规则规定不尽相同，多种规则交织在一起导致"意大利面条碗"现象发生，造成企业使用原产地规则不便，不利于防止原产地规则使用过程中出现的不当行为。例如，中间品进入生产过程中若发生伪造行为，复杂多样的原产地规则将增加其判断是否符合原产地标准的难度。基于上述问题的存在，自由贸易协定签署后，企业使用原产地规则时需进行比对谨慎选择。

---

[1] 2017 年特朗普上任美国总统后，用 USMCA 取代 NAFTA。

其次，分析 RCEP 原产地规则内容及特征。RCEP 区域内原产产品可享受优惠关税待遇，因此在梳理原产地规则前应先了解 RCEP 关税减让的主要内容。RCEP 下，货物整体零关税覆盖率将达到 90% 以上，其中，中国对日本和韩国的零关税覆盖率为 86.0%，日本对中国和韩国的零关税覆盖率分别为 85.5% 和 80.7%，韩国对中国和日本的零关税覆盖率分别为 86.0% 和 83.0%。RCEP 所有成员国的关税承诺表分为两类：一是包括澳大利亚、新西兰、马来西亚和新加坡在内的 8 个国家采取统一的关税承诺；二是中国、日本和韩国等共 7 个国家针对不同缔约国作出不同的关税减让承诺。降税模式方面，采取立即降至零关税与过渡期降至零关税相结合的方式，过渡期内关税非线性削减后最终降为零，且考虑到最不发达国家的发展水平，通过设置过渡期给予其缓冲；此外，对部分原产货物不实行零关税而是给予一定程度上的降税，例外产品如化妆品等的关税不在削减或取消范围之内。

第一，RCEP 原产地规则内容概要。RCEP 第 3 章由判断产品原产资格的原产地规则和原产地证明实施程序两方面构成。如图 3-1 所示，原产地规则方面，判断产品原产性质的标准主要有三点，即完全获得或生产的货物、原产材料生产的货物和满足产品特定原产地规则（product-specific rules，以下简称 PSR）要求的货物。PSR 中又规定了税则归类改变标准、区域价值成分标准和加工工序标准等三种标准。此外，还包含与多数成员国生产行为联系紧密的累积规则，原产产品运输相关的直接运输规则。证明实施程序方面，该部分内容围绕证明产品原产资格的方式进行说明，主要分为由出口成员国签发原产地证书和企业经营者自主进行原产地申报两种，后者申报又按照经核准出口商和普通出口商或生产商两种不同主体采取不同申报方式。而且，出口商、生产商、签证机构或主管部门有保管充分证明货物原产资格所有记录的义务，便于进口成员国当局确认货物的原产资格证明。根据 RCEP，原产货物出具原产地证明文件能够获得进口成员国提供的优惠关税及便利通关等好处，因此有权要求经营者和出口成员国提供原产地证书及其他书面信息等。

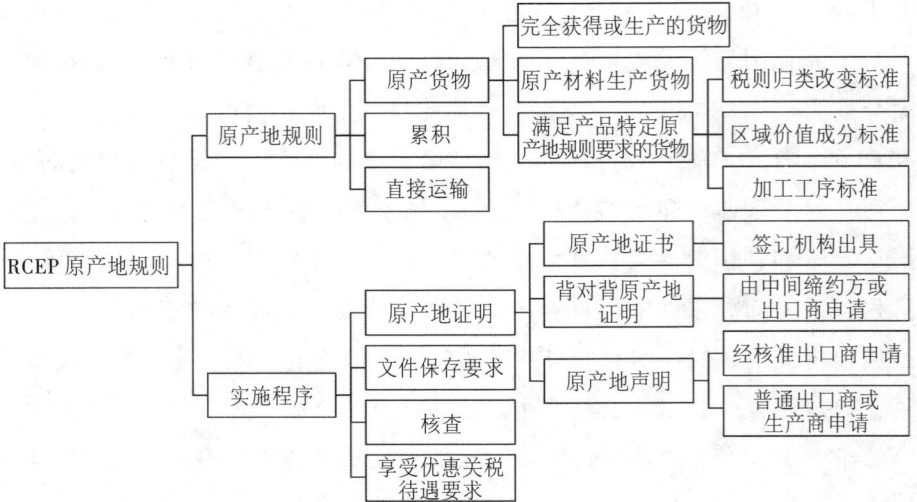

图 3-1　RCEP 原产地规则要义

资料来源：根据 RCEP 内容整理得到。

第二，更加灵活的原产地标准。通过比较 RCEP、中日韩三国分别与东盟签署的 3 个 "10+1" FTA 以及中韩 FTA 的原产地规则可以看出，CTH/RVC40 在原产地规则中使用最频繁，CTH/RVC40 的规则比 CTSH/RVC40 更加灵活，RCEP 原产地规则中，CTH/RVC40 个数为 2 410 个，远多于 CTSH/RVC40 的 634 个（见表 3-7）。粗略分类下，RCEP 共涉及的 5 204 个品种中，有 3 314 个品种即 64% 的品种比例使用同一原产地规则。因此，RCEP 原产地规则的制定更加简洁，限制程度更低（刘瑛、夏天佑，2021），更具有灵活性。原产地规则的灵活性能够有效降低由于限制较多导致的 RCEP 利用率降低，对首次达成 FTA 的中日韩来说至关重要。此外，对部分品种来说，RCEP 比区域内国家既有的 FTA 原产地规则更加灵活，因原产地规则限制较多而未利用过 FTA 的企业将更容易满足 RCEP 原产地规则，所以使用

RCEP的企业将大幅增加。如RCEP的关税税率表第11部分，纺织纤维及其制品的原产地标准与日本现存规定不同，引入了加工标准，无论使用哪国原产材料，只要能够证明在缔约国内进行生产即可满足原产地规则。因此，早川和伸指出，RCEP生效后，日本及其FTA缔约国将从之前签署的FTA转向使用RCEP（早川和伸，2021）。

表3-7　　　　　　　自由贸易协定中的原产地规则的数量　　　　　　单位：个

	RCEP	中国-东盟	日本-东盟	韩国-东盟	中国-韩国
CTC	1 100	1	1 479	5	218
CTC/RVC40	288	8	122	524	175
CTH	475	—	416	11	2 418
CTH/RVC40	2 410	113	2 921	3 900	154
CTSH	16	—	7	—	338
CTSH/RVC40	634	—	34	73	4
RVC40	39	5 074	222	26	74
WO	164	8	3	607	806

注：CTC、CTH和CTSH分别表示税则归类改变标准中HS编码2位、4位和6位数级改变；RVC40表示区域价值成分的比例规定为不低于40%；WO表示完全获得标准。

资料来源：笔者根据早川和伸《RCEPの貿易創出効果——原産地規則の観点から》整理所得。

第三，先进的累积规则。判定商品的原产地资格时，如果投入生产的材料本身在RCEP缔约国内生产，且满足原产地规则的情况下，可以将该材料视为RCEP原产材料；如果投入材料全部作为非原产材料处理，即使不满足原产地标准，也有可能通过累积规则获得原产地证明。RCEP区域内15个成员国可以通过使用原产地累积规则实现贸易货物区域成分累积，即在认定出口商品的原产地资格时，来自RCEP任何一个成员国的原产货物或进行的生产活动将更容易取得原产地资格。RCEP生效后五年内，预计实现区域内成员所有生产和货物完全累积，进一步提高了出口商满足原产地规则的概率。

中日韩三国与RCEP中的诸多成员国地理位置较近，通过供应链调配RCEP成员国的生产资料并再对其出口的情况屡见不鲜。因此，利用累积规则使货物获得原产资格有利于参与贸易的各方在更大程度上享受关税及其他优惠待遇。以汽车行业为例，中国将生产的涡轮增压器的引擎零部件出口到日本后，由日本生产引擎整件，在满足区域价值成分不少于40%的条件下，再出口到韩国进行汽车生产制造，此时商品仍然符合RCEP原产地规则。因此，累积规则有利于进一步提高中日韩区域内产业价值链结构的灵活性和多样性，使企业充分享受累积规则带来的好处。

第四，企业自主出具原产地声明与背对背原产地证明。RCEP原产地规则赋予企业自主出具原产地声明的权利，并创新推出背对背原产地证明制度。从原产地办理程序来看，RCEP规定了两类原产地证明文件，分别为授权机构签发的原产地证书和企业原产地声明（于鹏等，2021）。企业自主原产地声明是高水平、高标准自由贸易协定的重要特征之一，指除由经审查批准机关签发原产地证书外，经核准出口商、产品出口商或生产商也可自行出具原产地声明的制度。RCEP对出口商或生产商出具的原产地声明这一制度，给予各成员国较长的过渡期，要求各成员国在10~20年内引进或实施该制度。其中，除柬埔寨、缅甸和老挝之外的成员国将在协定生效后10年内引入原产地声明制度（于鹏等，2021）。企业自主原产地声明制度具有能够及时获得原产地证书、手续更加简洁、节约时间成本等优点，因此选择自主声明方式的企业将会不断增加，主要原产地证明方式由原产地证书向基于信用由企业自主出具原产地声明的方式转变。RCEP引入并实行原产地声明制度不仅能够大幅降低政府的行政管理和运营成本，而且有利于加快货物通关速度，达到事半功倍的效果。

中间成员国对于原出口方已签发原产地证明的货物再次签发原产地证明

时，货物在进口成员国处仍可凭借背对背原产地证明制度享受RCEP优惠的关税税率。RCEP成员国出口的货物能够在中间成员国享受关税优惠后进行销售，对不超过最初原产地证明中规定的数量及在有效期限内使用原产地证明的货物再出口。因此，出口商不仅能够享受RCEP带来的优惠，还有利于提高企业自身销售策略水平以及与物流相关规定的灵活性。而且通过使用背对背原产地证明，还可以对中间成员国进行统一库存管理，提高RCEP区域内物流运输效率。需要注意的是，最初的原产地证明由认定出口商之外自主申报签发的情况下，若最终进口国未实行出口商或生产商自主申报制度将无法接受背对背原产地证明。

3.1.3 服务贸易

1）服务贸易规则

服务贸易是RCEP的核心领域之一，从协定文本来看，RCEP服务贸易自由化基本框架主要由以下三部分构成：

第一，市场开放相关规则。"服务贸易"章节以明晰的定义、范围及具体规则条款，确定了适用于服务贸易的一般原则和义务（孟夏、孙禄，2021）。服务贸易条款中的第一条为定义，与协定有关的定义共19条，包括服务、服务消费者、服务提供、服务贸易等一般性解释；也涉及部分服务部门的界定，比如航空器的修理和维修服务、计算机订座系统服务、空运服务的销售与营销以及个别RCEP成员国对法人的特殊规定等。服务贸易条款的第二条确定了适用范围，明确规定了服务贸易规则不适用于政府采购、海运服务中的沿海贸易、空运服务等。服务贸易条款中的第三条到第十一条的内容致力于削减有关服务贸易的限制性和歧视性措施，具体包括承诺减让表、国民待遇、最惠国待遇、不符承诺减让表等义务。考虑到成员国经济发展阶段和国内改革水平，RCEP特别增设了过渡条款，为柬埔寨、老挝和缅甸等东盟最不发达国家保留了3~12年的过渡期，允许这部分成员国的过渡程序在协定生效后的6~15年完成。

第二，除市场开放的一般原则和义务外，RCEP还针对特定服务部门确立了适用规则，包括金融服务、电信服务和专业服务三类。在金融服务方面，RCEP的主要举措有：（1）首次纳入金融服务条款，旨在促进成员国之间新金融服务的市场准入。RCEP规定成员国在另一成员国境内设立的金融机构应该享有其本土金融机构的同等待遇，并进一步明确了成员国可以颁布新法规以及其他附属政策，以允许提供新金融服务。（2）首次纳入自律组织条款，RCEP规定成员国需加入另一成员国的自律组织，才可以在其领土提供金融服务。（3）首次纳入信息转移条款，成员国承诺不得阻止其境内金融服务提供者为开展业务进行信息转移或信息处理。（4）审慎例外条款作为金融附件的核心条款，起到平衡金融自由化与确保国内规制权的作用，RCEP在审慎监管方面的规范基于《服务贸易总协定》（General Agreement on Trade in Services，以下简称GATS）模式，在结构体系和保护范围两个方面进行了修补。在电信服务方面，RCEP制定了合理、非歧视性、透明使用成员国各自电信基础设施并提供电信网络或服务的相关规则，在现有东盟"10+1"FTA电信服务附件的基础上，首次纳入促进公开公正竞争和更好地维护消费者利益的条款。在专业服务方面，RCEP鼓励各方就相互承认专业资质、许可或注册有关的问题加强对话和协商，并在教育、考试、经验、行为和道德规范等领域制定共同标准。

第三，具体承诺减让表。RCEP采取正负服务贸易清单相结合的方式对服务贸易承诺作出安排。其中，中国、新西兰、泰国、菲律宾、越南、老挝、柬埔寨、缅甸等8个成员国暂时以正面清单方式作出承诺，在协定生效后6年内逐步过渡到负面清单模式（柬埔寨、老挝和缅甸为15年）。日本、韩国、新加坡、马来西亚、文莱、印尼、澳大利亚等其余7个成员国直接采用负面清单方式承诺。总体来看，除柬埔寨、老挝和缅甸三个最不发达国家，其他成员国在RCEP中承诺的部门数量达到100个以上，15个成员国均作出了高于

GATS以及各自原有"10+1"自由贸易协定水平的开放承诺（袁波等，2022）。

2）投资规则

RCEP投资规则分为文本规则和负面清单两部分，文本规则主要体现在第十章投资章节和该章"习惯国际法"和"征收"两个附件，涉及投资保护、投资准入和自由化、投资促进、投资便利化等诸多方面，是对原有"10+1"FTA投资规则的全面整合和升级。

就投资保护而言，RCEP要求东道国给予外国投资者以及所涵盖投资公平公正待遇，并向外国投资者提供国民待遇与最惠国待遇，对于资金转移、特殊手续、信息披露、损失补偿、代位权、征收、拒绝授惠等事项均作出明确规定。其中，投资与投资者定义、投资待遇以及征收和国有化的判断标准值得投资者广泛关注。在投资与投资者定义方面，RCEP对于投资的定义规则进行了细化与延伸，并采取开放列举的方式对投资形式进行界定。关于投资的定义，除传统意义上的股权投资和项目投资，还将知识产权、合同项下的权利、债权类权益、金钱请求权、特许经营权、投资回报都纳入到投资范畴中，扩大了投资章节的保护范围，并明确规定了投资范畴不包括司法、行政行为或仲裁程序中的命令或裁决。总体来看，相较于中国《外商投资法》以及中国-东盟、中国-新西兰FTA而言，RCEP采取更多形式以及更为广泛的制度保护充分保障了成员国投资者在RCEP区域内的权益。在投资待遇方面，RCEP投资规则给予投资者国民待遇、最惠国待遇和公平公正待遇，RCEP将国民待遇和最惠国待遇延伸至投资准入阶段，即在企业设立、取得、扩大等阶段给予成员国投资者及其投资不低于本国投资者及其投资的待遇。在征收和国有化方面，RCEP细化了成员国进行征收和国有化的条件，并就如何对投资者进行公平、合理的补偿提出了具体措施，这将有效减少成员国征收和国有化行为，同时保障投资者被征收或国有化后的各项权益。

就投资自由化而言，RCEP第十章第八条保留和不符措施条款对负面清单制度进行了说明，协定附件三投资保留和不符措施承诺表列出了各成员方关于投资领域的不符措施清单。具体来看，RCEP明确规定了国民待遇、最惠国待遇等与非歧视原则相关的负面清单，以及禁止业绩要求、高级管理人员和董事会等与具体经营活动相关的负面清单，表明东道国以清单形式对外国投资者进行承诺，而清单之外的领域将不得新增限制。协定附件三列出了各成员方的投资负面清单，清单条目由限制部门或行业、政府级别、义务类型、对措施的具体描述、该措施针对的相关法律依据等内容构成。从清单内容上看，RCEP以"非禁即入"的方式对制造业、农业、林业、渔业、采矿业等5个非服务业领域作出较高水平开放，并且适用于棘轮规则，成员方承诺列入清单内的外资政策措施不会倒退，以此提升RCEP成员国市场准入的确定性，为投资者提供更稳定的投资环境和更高水平的保护。从清单结构上看，附件三包括清单一（LIST A）和清单二（LIST B），两个单子适用的规则不同。清单一列入的是现存的，并且在未来基本不变的措施。这些措施在过渡期内适用冻结规则，过渡期满适用棘轮规则。根据RCEP投资章第八条的规定，大部分成员方过渡期为5年，最不发达国家和个别成员方豁免适用棘轮规则。清单二列出了成员国各自希望保留政策空间的敏感领域，未来可采取新的或更具限制性的措施进行规范。

就投资促进而言，RCEP鼓励在成员国间组织联合投资促进活动、促进商业配对活动、组织举办相关介绍会和研讨会以及沟通交流与投资促进相关的问题等，旨在为促进投资提供更多平台和机会。

就投资便利化而言，RCEP致力于为各种形式的投资创造必要的环境，简化投资申请及批准程序，促进投资规则、法律、政策和程序等投资信息的传播，这将极大压缩投资者的时间成本。除此之外，投资便利化还涉及向投资者提供经营执照和许可方面的便利，接受并适当考虑外国投资者提出的与政府行为有关的投诉，以及在可能的范围内帮助解决外资企业的困难。可见，RCEP投资便利化旨在营造良好的营商环境，扩大国际合作。在投资的争端解决程序方面，由于RCEP各成员国对于是否建立争端解决机制分歧较大，RCEP尚未规定投资者与东道国之间的争端解决机制（investor-state dispute settlement，简称ISDS），只是约定在RCEP生效后的两年内对这一机制条款进行讨论，并在三年内完成讨论。一旦投资者与东道国发生投资纠纷，投资者需要请求母国政府启动争端解决程序。母国和东道国首先采用斡旋、调解、磋商、调停等多种方式，以求达成相互认同的解决办法；若争端仍无法解决，则设立专家组进行终局裁定。由于投资争端解决机制缺失，争端的解决只能由成员国之间决定，投资者自身的参与机会和话语权减少，进而影响到投资者的投资信心和决心。由此可见，投资争端解决机制的建立对RCEP的完整度以及成员国之间的经济发展意义重大。

3）自然人临时移动

RCEP第九章"自然人临时移动"专门就人员流动问题作出安排，包括9个条目，分别是定义、范围、配偶及家属、准予临时入境、自然人临时移动具体承诺表、处理申请、透明性、合作、争端解决。RCEP下中国也实行了更为开放的人员流动安排，为实现RCEP区域人才流动与商务活动对接提供便利。

RCEP对于自然人临时移动的类别进行定义，将从事货物贸易、提供服务或进行投资的自然人临时入境与临时停留所作承诺适用范围，扩展至服务提供者以外的投资者、随行配偶及家属等协定下所有可能跨境流动的自然人类别，并针对性地设置相应要求。RCEP各成员国在附件四《自然人临时移动具体承诺表》中对各类人员流动的居留时限作出详细规定（见表3-8），中国的承诺水平在15个成员国中属于较高水平，有效打开与RCEP成员国的人员往来渠道；日本的承诺水平最高，针对大多数人员设定了5年的居留期限，基本达到CPTPP的承诺水平；东盟国家对于居留期限的承诺水平相对较低，作出承诺的人员类别也较少。另外，RCEP较大幅度减少了自然人临时移动的限制性条件，例如减少需要进行劳动力市场测试等要求；对于临时停留审批手续、移民申请程序、程序透明度等方面也加以优化，总体水平均基本超过各成员国在现有自由贸易协定缔约实践中的承诺水平。

表3-8　RCEP下各成员国自然人临时移动的居留期限

国家	商务访问者	公司内部流动人员	合同服务提供者	安装人员和服务人员	配偶和家属	其他自然人
中国	不超过90天	与合同期限一致或不超过3年，以两个之间较短者为准，可以延长	与合同期限一致，不超过3个月	与合同期限一致，不超过3个月	不超过12个月，不超过入境者期限	—
日本	商务访问者：不超过90天；投资者：不超过5年，可以延长	不超过5年，可以延长	不超过5年，可以延长	—	与入境者停留期限相同	独立专家：不超过5年，可以延长
韩国	不超过90天	不超过3年	不超过1年	—	—	—
澳大利亚	服务提供者：6个月，不超过12个月；商务访问：不超过3个月；投资者：货物销售者：不超过3个月	高管：不超过4年；专家：不超过2年	原则上不超过12个月	—	与入境者停留期限相同	独立行政人员：不超过2年
新西兰	不超过3个月	不超过3年	原则上不超过12个月	不超过3个月	—	—
马来西亚	不超过90天	首期居留2年，每2年延期	—	3个月/合同期限，以较短的为准	—	—
泰国	不超过90天	1年，可延期3次，每次不超过1年	—	—	—	—

续表

国家	商务访问者	公司内部流动人员	合同服务提供者	安装人员和服务人员	配偶和家属	其他自然人
新加坡	—	3年，可延期，总时限不得超过5年	—	—	—	—
印度尼西亚	60天，不超过120天	2年，可延期2次，每次不超过2年	—	—	—	—
菲律宾	首期居留30天，可延期	首期居留30天，可延期	—	—	—	—
越南	服务：不超过90天；投资：不超过90天	首期3年，实体	90天/合同期限，以较短的为准	—	—	—
文莱	—	3年，可延期，总时限不得超过5年	—	—	—	—
老挝	不超过90天	1年，每6个月可延期，最长不超过3年	—	—	—	—
缅甸	70天，可延长至3个月至1年不等	70天，可延长至3个月至1年不等	—	—	—	—
柬埔寨	商务访问：首期居留30天，签证有效期90天；投资者：没有时间限制，需服务经济需求测试	不超过5年，可延期	—	—	—	—

资料来源：笔者根据RCEP附件四《自然人临时移动具体承诺表》整理制作。

3.1.4 其他规则

1）知识产权

RCEP第十一章"知识产权"包含十四节83个条款和2个附件（特定成员国过渡期、技术援助请求清单），是RCEP内容最多、篇幅最长的章节，也是中国迄今已签署FTA中涉及内容最全面的知识产权章节。

RCEP在多个领域促进区域知识产权领域的整体提升。一是在知识产权的界定范围中，RCEP知识产权在《与贸易有关的知识产权协议》（Agreement on Trade-Related Aspects of Intellectual Property Rights，以下简称TRIPS）的基础上，对著作权和相关权利、商标、地理标志、专利、工业设计、其他知识产权、知识产权的实施等内容作出了更全面的规定，既包括传统知识产权议题，又涵盖数字知识产权等新兴领域，全面提高了区域内的知识产权整体保护水平。特别是RCEP在数字经济时代下与时俱进新增了多项新规定，例如数字网络化的著作权和相关权利保护，要求成员国批准和加入《世界知识产权组织版权条约》（WIPO Copyright Treaty，WCT）和《世界知识产权组织表演和录音制品条约》（WIPO Performances and Phonograms Treaty，WPPT）两项"因特网条约"，以电子方式申请商标、专利及工业设计等，域名相关反不正当竞争，数字环境下反侵权执法等。二是在知识产权的保护程度上有所提升，如RCEP将著作权保护期从TRIPS规定的50年延长到作者死亡后至少70年，同时探索数字化著作权和相关权利的保护新方式，如规避有效技术措施和保护权利管理电子信息等。此外，在部分特殊情况下，专利期限可以适当地延长。

RCEP知识产权规则也具有包容性特征，考虑到成员国间不同的经济和技术水平，强调合作共赢。RCEP知识产权的两条目标有一条和TRIPS完全一致，即知识产权权利的保护和实施应该有助于促进技术创新和技术转让及传播，以利于社会和经济福利的方式保护技术知识的创造者和使用者的共同利益，并且有助于权利与义务的平衡。另一条目标全新且强调合作与包容，希望通过有效和充分创造、运用、保护和实施知识产权权利来深化经济一体化和合作，以减少对贸易和投资的扭曲和阻碍。该目标还特别提到，需要认识到成员国间不同的经济发展、法律制度等方面的差异性。同时RCEP知识产权规则还通过过渡期和技术援助相关规定，兼顾不同成员发展水平和能力差异，帮助有关成员更好地履行协定义务。

另外，RCEP知识产权规则将遗传资源、传统知识和民间文学艺术作为一个整体纳入到保护范畴，提出成员国可以制定适当的措施来保障该内容。该项条款更符合发展中国家和最不发达成员国的利益，遭到欧盟和美国的反对，导致在WTO框架下并未达成。RCEP纳入该条款以专利制度来解决遗传资源的保护问题，可以说是实现了新突破，并为今后多边知识产权规则谈判提供新范例。

2）电子商务

RCEP第十二章"电子商务"包括五节17项条款，就电子商务的定义、便利化、合作、环境、信息传输、监管与保护、争端解决等多个领域进行规定。该章节的目标旨在实现成员国之间以及全球范围的电子商务的更广泛使用，致力于为电子商务使用创造一个可信任的环境，促进电子商务发展方面的合作。

RCEP电子商务章节兼具开放性与包容性：一是在贸易促进方面，RCEP电子商务章节贯彻落实WTO部长级会议的决定，维持当前不对电子商务征收关税的做法，纳入无纸化贸易、电子认证和电子签名等条款，提升贸易自由化和便利化水平。二是信息和数据安全方面，RCEP要求成员国为在线消费者、电子商务用户的个人信息提供保护，并针对非应邀商业电子信息加强监管和合作。三是在数据流动方面，RCEP明确支持跨境数据流动、数据存储等，但也施加了一定限制，要求在符合数据安全的大前提下实现开放，力求在数据安全和贸易自由间取得平衡。例如，RCEP并未包含CPTPP中关于允许个人信息跨境传输的内容，对以数据本地化为代表的数字壁垒持有坚决反对态度，也并未纳入源代码等较具争议的前沿议题。

RCEP重视促进电子商务合作以及优化电子商务环境，更加符合发展中国家的诉求。RCEP在电子商务的合作条款中提出了五种合作领域和方式，即：共同帮助中小企业克服使用电子商务的障碍；帮助成员国实施或者加强其电子商务法律框架，如通过研究和培训活动、能力建设，以及提供技术援助；分享信息、经验和最佳实践，以应对发展和利用电子商务所面临的挑战；鼓励商业部门开发增强问责和消费者信心的方法和实践，以促进电子商务的使用；积极参加地区和多边论坛，以促进电子商务的发展。RCEP电子商务章节的多条规则还针对最不发达国家柬埔寨、老挝和缅甸承诺了至少5年的过渡期，通过多样化的方式充分帮助弱势国家数字产业成长，弥合RCEP成员国的数字鸿沟。同时，RCEP多项电子商务规则包含例外条款，允许成员国基于保障数据安全和公共政策目标，采取相应措施来维护自身基本安全利益，服务于自身数字产业发展的客观需要。另外，RCEP强调电子商务对话，希望成员国就相关问题真诚协商，若无法解决则提交争端解决机制，在电子商务下产生的任何争端都不能在非电子商务法律层面解决。

3.2　中国东北经济状况及经贸合作现状

3.2.1　中国东北经济现状

1）地区生产总值规模

如图3-2所示，就地区生产总值规模而言，2013—2022年，中国东北的地区生产总值逐年增长，其总量具有持续稳定上升的态势，四个省区的地区生产总值从5.2万亿元上升至8.1万亿元，增长了1.6倍。2022年，黑龙江、吉林、辽宁和内蒙古的地区生产总值分别为15 901亿元、13 070亿元、28 975亿元、23 159亿元，分别是2013年的1.3倍、1.4倍、1.5倍、2倍。东北三省一区的经济发展差距较大，其中，辽宁的地区生产总值规模最高，内蒙古次之，均超过了2万亿元，且辽宁的地区生产总值规模几乎是黑龙江与吉林的总和。就经济规模占全国比重而言，2022年，中国东北三省一区的地区生产总值占全国比重为6.7%，近年来总体呈现持续下降趋势，与其他省区市相比表现不佳，经济发展动能稍弱。其中，辽宁地区生产总值占全国的2.4%，在31个省区市中位列第17，吉林、黑龙江、内蒙古分别占1%、1.3%和1.9%，在全国中的位次也都相对靠后。

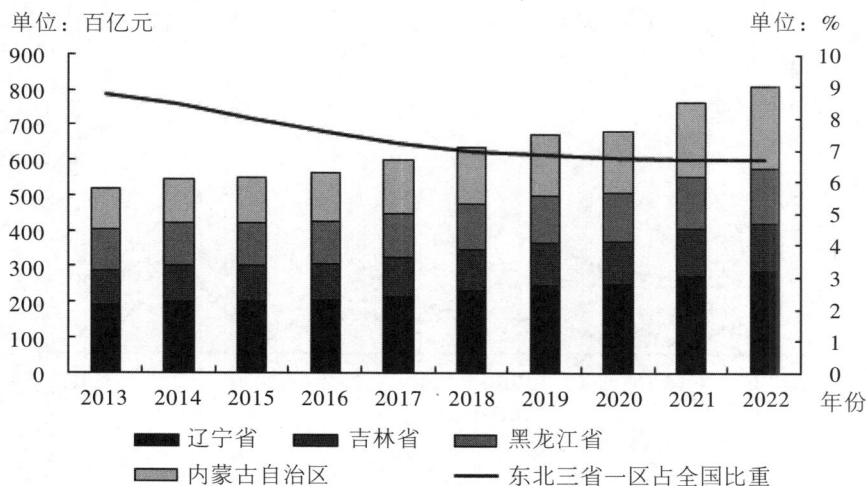

图3-2　中国东北经济规模及占全国比重（2013—2022年）

数据来源：笔者基于国家统计局数据统计得到。

2）地区生产总值增速

就经济增速而言，如图3-3所示，2014—2022年，中国东北地区生产总值增长率趋势与全国GDP增长率趋势基本保持一致，在2020年，受疫情影响经济增速达到低谷，至2022年经济增长趋势已经基本恢复。然而，东北三省一区的经济增速表现不佳，常年低于全国增速。2022年，东北三省一区中，内蒙古和黑龙江经济回暖势头明显，内蒙古经济增速超过全国4.1个百分点，在全国31个省区市中经济增速排名第四，黑龙江经济增速超出全国1.7个百分点排名第十。辽宁的经济增速为5.1%，略低于全国5.3%的增速。而吉林受疫情影响较大，2022年地区生产总值增速为负，是全国唯一负增长的省份。由此可见，尽管东北经济总体已经开始恢复性增长，但部分省区经济增速问题仍然突出，生产总值增速滞后于全国平均水平。从十年间的平均增速来看，东北三省一区中，内蒙古地区生产总值增速最高，平均增速达8.3%，与全国平均增速基本持平，其次是辽宁的平均增速达4.7%，最后是黑龙江和吉林的平均增速均低于4%，这与中国东北实际经济发展现状基本一致，与其他省区相比，东北三省一区的经济发展相对滞后，经济增长潜力有待进一步挖掘。

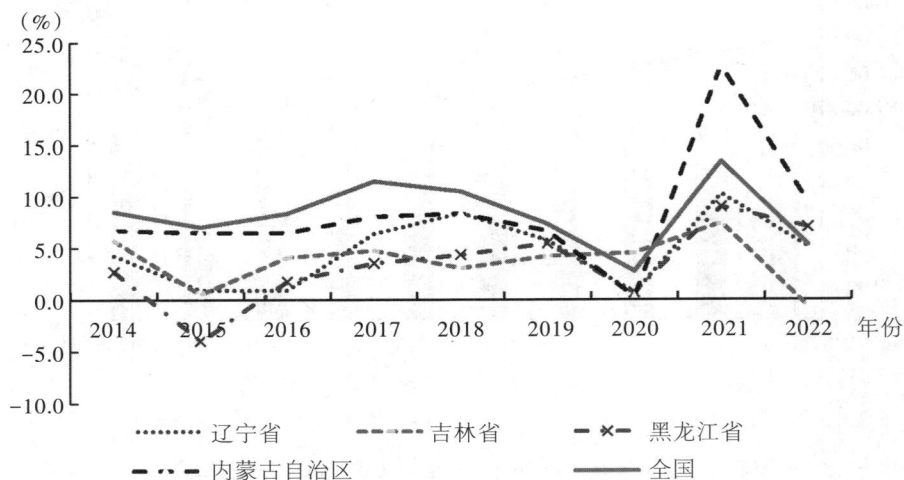

图3-3　中国东北地区生产总值及全国的GDP增速（2014—2022年）

数据来源：笔者基于国家统计局数据统计得到。

3）人均地区生产总值

根据图3-4，从人均地区生产总值来看，2013—2022年，东北三省一区的人均地区生产总值稳步上升，与全国总体趋势一致，居民生活水平逐渐改善。在东北三省一区中，内蒙古的人均地区生产总值最高，并于2022年首次突破9万元达到了9.6万元，相当于2013年的2倍，在全国31个省区市中位列第8，也是东北三省一区中唯一高于全国人均GDP的地区，经济发展势头良好。辽宁、吉林、黑龙江三省的人均地区生产总值则常年低于全国平均水平，十年间的人均地区生产总值涨幅也相对较小。辽宁虽然地区生产总值在东北三省一区中最高，但考虑人口因素后，人均地区生产总值仍与全国水平存在一定差距。特别是黑龙江省2022年的人均地区生产总值仅为5.1万元，在31个省市自治区中位列倒数第二，地区经济发展压力较大。

单位：万元

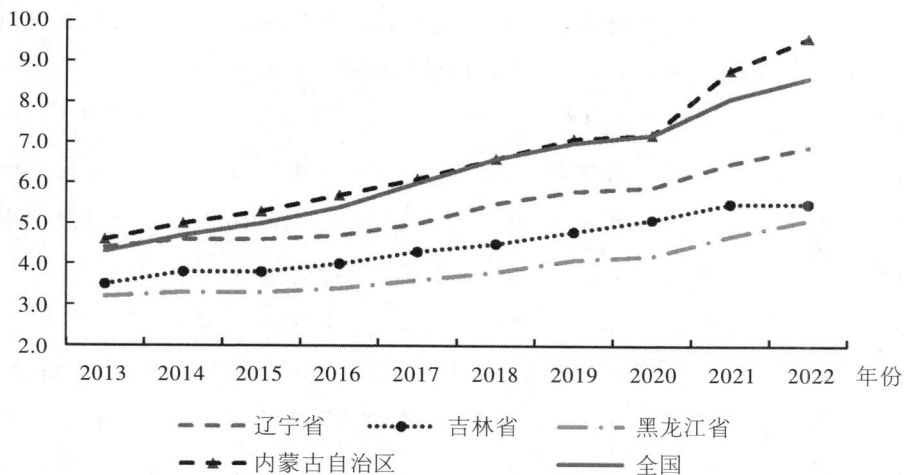

图3-4 中国东北人均地区生产总值及全国的人均GDP（2013—2022年）

数据来源：笔者基于国家统计局数据统计得到。

综上所述，中国东北的经济发展现状呈现以下特征特点：第一，从地区生产总值规模上看，近年来，中国东北三省一区的地区生产总值规模稳步上升，但各省区之间发展水平差距较大，其中辽宁作为老工业基地，地区生产总值规模最高。另外，东北三省一区的地区生产总值之和在全国的比重逐渐下滑，经济发展的地位弱化。第二，从地区生产总值增速来看，中国东北地区生产总值增速常年低于全国平均水平，近两年内蒙古经济发展势头较好，地区生产总值增速在全国排名靠前，但辽宁、吉林、黑龙江的地区生产总值增速仍表现不佳，经济发展相对滞后。第三，从人均地区生产总值看，虽然中国东北三省一区的人均地区生产总值增长趋势向好，但是唯有内蒙古高于全国水平，辽宁、吉林、黑龙江的人均地区生产总值与全国水平相比仍有不小的差距，东北三省一区的经济发展仍存在一定问题。

3.2.2 中国东北经贸合作现状及特征

1）对外贸易[①]

第一，中国东北对外贸易整体情况分析。2013—2022年中国东北进出口额及增速变化如图3-5所示。从区域整体来看，2013—2022年间，中国东北外贸总额整体呈现波动型变动，且一直处于贸易逆差状态，呈现出外向型经济下滑的特点。分阶段来看，2013—2014年，中国东北外贸总额持续增长，从1 911.8亿美元上涨至1 938.4亿美元。2015—2016年，受全球经济增速放缓的影响，外贸形势疲弱，地区外贸总额有所下滑，于2016年下降到近十年的最低值1 215亿美元。2017—2022年，随着东北多元化国际市场不断拓展，中国东北对外开放成果尤为显著，除个别年份出现小幅度下滑外，总体呈现上升态势。具体来看，2020年以来，受疫情冲击影响，资源、结构、行业景气下降，东北外贸发展陷入低迷，外贸总额骤然下降，尤其对出口的负面影响较大，较2019年下降了13个百分点，随着国内经济稳步复苏，2021年中国东北外贸总额回升至1 927.1亿美元，其中进口增速达到24.1%，出口增速跃至34.7%。随着新一轮东北振兴战略深度落实，东北外贸整体预期持续向好，对外开放水平继续扩大，2022年中国东北外贸总额继续攀升，同比增长6.2个百分点，达到近十年来的最高水平。

---

① 受中国东北三省一区的数据可得性限制，在贸易方面，仅关注货物贸易，服务贸易数据缺失；在投资方面，利用外资的数据较全，对外投资数据也存在缺失。

单位：亿美元   单位：%

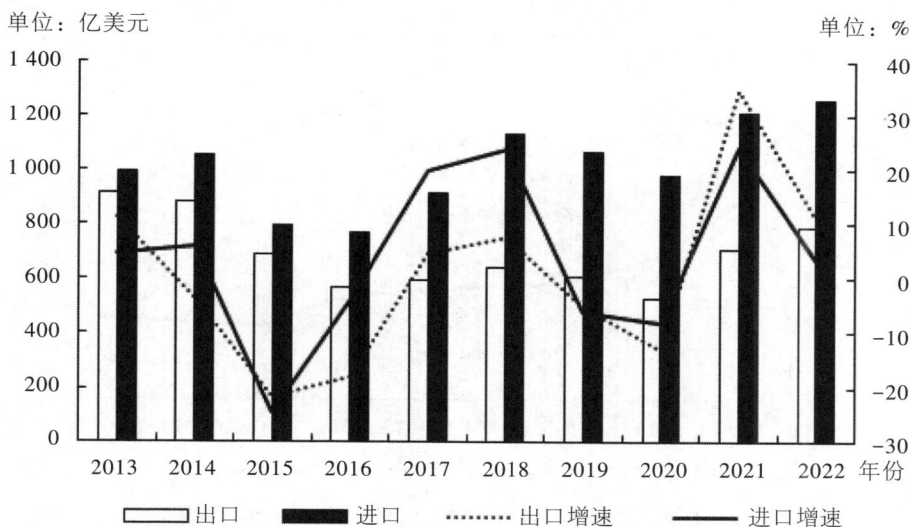

图3-5　中国东北进出口额及增速变化（2013—2022年）

数据来源：笔者根据国家统计局数据整理得到。

　　从中国东北在全国的外贸竞争力来看，中国东北外贸占全国外贸市场份额基本稳定。如图3-6所示，近十年来中国东北外贸总额占全国比重平均为3.7%，其中进口额占全国平均比重仅为4.9%，出口额占全国平均比重更是低至2.8%。从对外贸易在全国地位变化趋势来看，2013—2022年中国东北对外贸易占全国比重较低且呈现逐年下降的趋势，主要原因有以下两点：其一，东北经济转型相对较晚，与全国其他区域相比地区发展环境不优，投资吸引力不足并且缺乏动力强的外贸增长极。其二，中国东北对外开放面临的国际形势较为复杂，周边国家政策不稳定，开放平台尚未完全落实。

　　从区域内部来看，中国东北各省区之间外贸发展并不均衡。辽宁作为东北唯一的陆海双重通道，拥有大连港、营口港等主要港口以及丹东港、锦州港、盘锦港等地区性重要港口，在东北对外贸易中处于重要地位。2013—2022年辽宁对外贸易总额占东北外贸总额的平均比重为62.5%，领先于黑龙江

单位：%

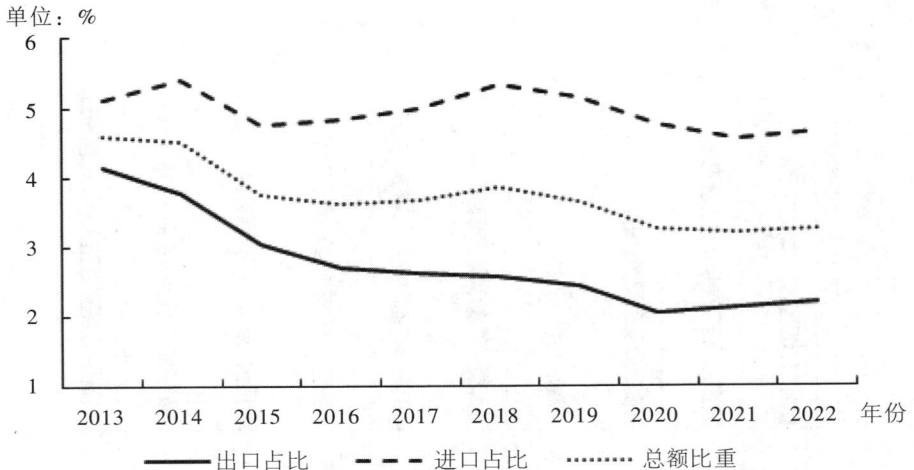

图 3-6　中国东北外贸市场占全国外贸市场份额（2013—2022 年）

数据来源：笔者根据国家统计局数据整理得到。

（16.1%）、吉林（12.5%）和内蒙古（9%）。吉林对外贸易竞争力较差，2013—2022 年吉林外贸总额占东北外贸总额的比重呈下降态势，并且整体呈现很大的逆差状态，总体形势不容乐观。与吉林类似，黑龙江外贸总额在东北外贸总额中所占比例也不大，但与吉林相比，近五年来黑龙江外贸总额占东北的比重呈上升态势，与吉林差距逐渐拉大，其中进口对外贸贡献率较大。2013—2022 年，黑龙江进口增速上升明显，从-2.2%上升至31.2%，但出口增速仅上升了4.9个百分点，这也导致了黑龙江对外贸易逆差持续增大，净出口从2013年的-64.2亿美元到2022年的-234.3亿美元，成为中国东北贸易逆差最为严重的省份。内蒙古作为中国向北开放的重要桥头堡，近年来开放发展优势不断体现，外贸发展总体呈现稳中提质、稳中向好的趋势。2013—2022 年，内蒙古外贸总额占中国东北的比重提高了4.9个百分点。图3-7是中国东北外贸依存度变化情况，整体而言，辽宁的外贸依存度为三省一区最高，2013—2022年平均外贸依存度为30.4%，其次是黑龙江和吉林，平均外贸依存度分别为14%和12.5%，最后是内蒙古，平均外贸依存度仅为

6.3%。内蒙古平均外贸依存度较低的主要原因是2013—2022年内蒙古地区生产总值增速较高，基数增长幅度较大。

单位：%

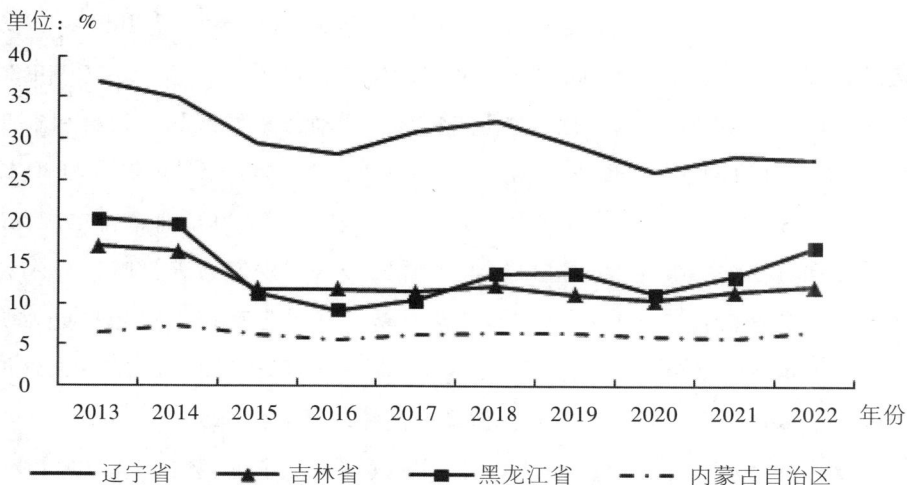

图3-7 中国东北外贸依存度变化（2013—2022年）

数据来源：笔者根据国家统计局数据整理得到。

由上可见，中国东北对外贸易呈现以下特征：首先，相对于其他地区来说，中国东北的对外贸易竞争力较弱，整体规模偏小，外贸总额占全国比重偏低。其次，中国东北对外贸易整体呈现外向型经济下滑的特点，进出口贸易发展不平衡，其中黑龙江是中国东北贸易逆差最大的省份。最后，中国东北内部外贸发展极不平衡，辽宁的对外贸易额占东北进出口额比重的六成以上，对东北整体对外贸易发展贡献巨大，在东北对外贸易发展中起到"顶梁柱"的作用。黑龙江和内蒙古外贸发展稳中向好，近年来其外贸占东北外贸份额均有所提升。而吉林对外贸易竞争力整体提升较慢，与东北其他省区以及全国平均发展水平相比仍然存在明显差距，主要原因在于以下两点：一是区位因素，吉林位于内陆，海运成本较高，对外贸易难以发展。二是吉林北接俄罗斯东部，东邻朝鲜，受地缘政治常年不稳定的影响，与周边国家合作通道建设存在障碍，导致吉林对外开放程度偏低。

　　第二，中国东北对外贸易结构分析。从商品结构来看，就辽宁而言，在出口中，大连海关统计数据显示，2022年辽宁机电产品、劳动密集型产品、钢材以及农产品等重点产品出口增势明显。其中机电产品出口1 763.7亿元，较上年增长5%，占同期辽宁外贸出口总额的近一半比重，其中电工器材出口增长14.9%，汽车出口增长34.3%。劳动密集型产品、钢材和农产品出口占出口总额比重分别为10.1%、8.9%和8.4%，较上年分别增长10.4%、5.3%和15.3%。在进口中，辽宁重点进口产品为原油、机电产品、农产品和金属矿，其中原油进口较上年增长7.9%，农产品进口增长18.6%，而机电产品和金属矿进口较上年呈下降态势，尤其金属矿下降趋势更为明显，较上年下降了26.7%，对辽宁总体进口形成拖累，主要原因在于2022年国内疫情多点散发，部分企业对资源类商品需求减弱。

　　就黑龙江而言，《国民经济和社会发展统计公报》显示，在出口中，2022年黑龙江主要出口产品为机电产品、高新技术产品、农产品及劳动密集型产品，其中机电产品出口190.1亿元，占同期黑龙江外贸出口总额的34.8%，较上年增长8.7%。出口劳动密集型产品92.6亿元，主要包括服装、鞋类、家具、木及其制品、纺织品等，占比17%，较上年增长0.7个百分点。出口农产品75亿元，占比13.7%，较上年增幅较大，达到30.8个百分点。与其他主要出口产品不同的是，高新技术产品出口有所下降，下降幅度为19.4%。在进口中，黑龙江主要进口产品为机电产品、农产品以及原油、天然气、煤等能源原材料，对高新技术产品进口相对较少。

　　就吉林而言，《吉林统计年鉴2022》数据显示，在出口中，2021年吉林主要出口产品为机电产品、农产品、汽车、医药材及药品，其中出口机电产品占同期外贸出口总额的43.5%，较上年增长33.6%。农产品占17.3%，下降6.7%。汽车零配件占6.5%，增长28.3%。在进口中，主要进口产品排名第一的是机电产品，排名第二的是汽车零配件，这说明吉林作为老工业基地，是中国重要的汽车研发、生产和加工基地，具有良好的汽车工业基础，但吉林仍然缺乏技术更新和自主研发能力，对于外国进口的汽车零部件依赖性较高，导致相关产品附加值较低，进而削弱出口企业的市场竞争力。

就内蒙古而言[①]，在出口中，2022年内蒙古主要出口产品为机电产品、农产品以及基本有机化学品，其中机电产品出口140.4亿元，占全区出口总值的22.3%，较上年增长75.2%，拉动出口增长12.6%；农产品出口70.2亿元，增长24%；基本有机化学品出口67.3亿元，增长15%。在进口中，2022年煤炭、铜矿砂等矿能产品合计进口613.8亿元，是内蒙古进口金额最多的产品，占全区进口总值的68.7%，拉动进口增长17%，其次是农产品、机电产品和肥料，同比增长13.5%、57.9%和41.5%。

从贸易方式来看，2022年辽宁一般贸易进出口总额为5 451.7亿元，较上年增长5.2个百分点，占全省进出口总额的68.9%。加工贸易进出口总额为1 577.8亿元，下降13.5个百分点，占全省进出口总额的20%；2022年黑龙江一般贸易进出口2 278.1亿元，增长22个百分点，占全省进出口总额的85.9%。加工贸易进出口总额为86.1亿元，增长9.4个百分点，占全省进出口总额的3.2%，边境小额贸易进出口234.1亿元，增长11.3%；2022年吉林一般贸易进出口为1 373.1亿元，占全省进出口总额的91.3%，增长2个百分点。加工贸易进出口总额为438.4亿元，占全省进出口总额的28.1%，增加2.8个百分点。内蒙古进出口贸易以一般贸易为主导，近年来，边境小额贸易和加工贸易大幅度增长。2022年内蒙古一般贸易进出口额982.4亿元，增长21.8个百分点，占全省进出口总额的64.5%，边境小额贸易较2021年增长37.8个百分点，加工贸易增长1.7倍。

由上可见，中国东北对外贸易结构存在如下特点：

第一，从商品结构来看，中国东北外贸结构比较单一，主要出口机电产品和劳动密集型产品，主要进口机电产品和资源性及战略性产品，并通过进

---

① 内蒙古商品结构和贸易方式数据来自中华人民共和国国务院新闻办公室网站（http://www.scio.gov.cn/xwfb/dfxwfb/gssfbh/nmg_13830/202303/t20230320_707473.html）。

口高技术含量的零部件产品，服务于当地的生产并用于出口贸易。从各省区来看，辽宁作为东北的重要工业基地，主要出口机械设备、钢铁及其制成品等，与辽宁的主导产业相符，辽宁主要从日韩进口机电产品零附件、化学品等从事加工贸易，同时从蒙古国、俄罗斯、朝鲜进口大量矿物燃料、矿砂等作为工业生产的重要原料。吉林农业资源丰富，农产品口碑高，除工业产品外还向东北亚国家出口饲料、鱼肉等农副产品。黑龙江森林覆盖率居全国前列，有大兴安岭等国家重要林区和木材生产基地，木及木制品是其向日本出口的最主要来源。内蒙古因经济结构以能源、化工、冶金、农畜产品加工以及机械装备制造业为重要支柱产业，形成以机电产品、农产品、钢材为主要出口商品的贸易结构。同时，内蒙古外接俄罗斯和蒙古国，其支柱产业均是资源型产业，对内蒙古出口也呈现出高度的资源依赖性。

第二，从贸易方式来看，中国东北以一般贸易为主要进出口方式，但各省在贸易方式中也存在不同特色。辽宁是中国东北重要的制造业基地且具备港口优势，日韩工厂众多，是日韩重要的加工贸易生产基地；吉林与朝鲜接壤面积广，朝鲜族文化互通推动与朝鲜生产合作广泛，吉林与朝鲜的加工贸易额甚至超过了一般贸易额，且相较朝鲜而言，吉林处于加工贸易的上游，可以将部分低附加值的生产环节转移至朝鲜；黑龙江毗邻俄罗斯，是中国进口俄罗斯矿产等自然资源的重要窗口，且黑龙江对俄边境口岸众多，对俄边境贸易额远高于其他省区，成为另一种重要贸易方式；对于内蒙古来说，受自身经济结构的制约，加工贸易在全区贸易方式中占比较低，但随着近年来中国引导和推动加工贸易向西部转移，加工贸易整体呈上升态势。另外，俄罗斯和蒙古国两国与内蒙古相邻地区的矿产、土地、森林、农牧业生产资源丰富，但技术落后，开放程度较低，这为加强双方合作开发提供了客观基础，有助于推动内蒙古进口商品落地加工业务的发展，例如粮食、钾肥等大宗商品以及木材的进口落地加工。

第三，中国东北对外贸易空间结构分析。从中国东北主要贸易国家或地区来看，日本、韩国、德国、美国等发达国家以及俄罗斯、蒙古国等周边国家是中国东北主要的贸易伙伴（见表3-9）。分省区来看，2022年黑龙江主要出口国家或地区为俄罗斯、美国、韩国，主要进口国家为俄罗斯、巴西、新西兰和美国。黑龙江作为中国对俄罗斯开放的"桥头堡"，对俄贸易地位稳固，对俄贸易带动全省贸易增长尤为显著，2022年黑龙江对俄罗斯出口额为25.6亿美元，占黑龙江出口总值的31.0%；黑龙江对俄罗斯进口额为251.8亿美元，占黑龙江进口总值的95.6%，是其进口的主要来源。2022年吉林主要进出口国家为俄罗斯、德国，该省对两国的贸易总额分别占全省进口和出口总额的36.4%和21.7%。辽宁主要出口贸易伙伴为日本、美国和韩国，进口则是以9.2%的占比位列第一的沙特阿拉伯。内蒙古毗邻蒙古国和俄罗斯，对俄蒙两国贸易具有明显地缘区位优势，2022年内蒙古与俄蒙两国外贸总额占全区外贸总额的近三成。

表3-9　　　　中国东北进出口贸易额前十位国家和地区（2022年）

黑龙江		吉林		辽宁		内蒙古	
出口	进口	出口	进口	出口	进口	出口	进口
俄罗斯	俄罗斯	俄罗斯	德国	日本	沙特阿拉伯	蒙古国	蒙古国
美国	巴西	德国	俄罗斯	美国	德国	俄罗斯	俄罗斯
韩国	新西兰	比利时	墨西哥	韩国	美国	美国	澳大利亚
印度	澳大利亚	韩国	日本	新加坡	日本	越南	中国台湾
荷兰	美国	美国	葡萄牙	中国台湾	阿拉伯联合酋长国	印度	美国
日本	伊拉克	日本	巴西	德国	澳大利亚	韩国	新西兰
越南	阿根廷	印度	匈牙利	印度	韩国	日本	智利
比利时	日本	爱尔兰	美国	俄罗斯	俄罗斯	泰国	日本
德国	秘鲁	荷兰	韩国	中国香港	巴西	中国香港	秘鲁
印度尼西亚	法国	墨西哥	波兰	荷兰	伊拉克	印度尼西亚	德国

资料来源：笔者基于EPS中国地区贸易数据库整理制作。

由上可见，中国东北对外贸易空间结构呈现以下特点：一是中国东北对外贸易伙伴相对比较集中，主要贸易伙伴是发达国家与新兴工业化国家和地区。另外，黑龙江、吉林和内蒙古均毗邻俄罗斯，与俄罗斯贸易往来密切，其中黑龙江处于对俄罗斯贸易的领头羊位置。二是近年来，中国东北主要贸易伙伴国和市场逐渐呈现多元化趋势，与 RCEP 成员国及共建"一带一路"国家贸易发展更为密切。

2）利用外商直接投资

第一，从中国东北外商投资企业投资总额[①]来看，如图3-8所示，中国东北的外商投资企业投资总额增长显著，从 2013 年的 2 607 亿美元上升至 2022 年的 8 739 亿美元，10 年间增长 3.4 倍。从中国东北外商投资企业投资总额的增速来看，中国东北地区吸引外商企业投资的存量保持平稳增长趋势，即使在 2020—2021 年新冠疫情造成国际经贸不断波动的大背景下，外商投资企业投资总额也实现了 17.8% 的增长。然而，相较于全国其他省区市，中国东北吸引外商投资规模仍然较小，占全国比重呈现逐年下降的趋势，2022 年中国东北吸引 FDI 流量仅占全国吸引 FDI 流量总额的 4.4%。分省区来看，各省区的外商投资企业投资总额均大幅提升。黑龙江是中国东北吸引外商投资企业投资总额增幅最大的省份，从 2013 年的 228 亿美元跃升至 2022 年的 1 798 亿美元，增长了 7.9 倍。辽宁从 2013 年的 1 832 亿美元增长至 2022 年的 5 171 亿美元，增长了 2.8 倍。吉林和内蒙古的外商投资企业投资总额在 2021 年达到峰值，虽然在 2022 年有所回缩，但相比 2013 年也分别增长了 4.0 倍、2.2 倍。

第二，从中国东北外商投资企业投资总额的空间分布来看，2013—2022 年，辽宁外商投资企业投资总额占东北三省一区的比重平均达到 66.6%，成为中国东北中吸引外商投资规模最大的省份，2022 年辽宁外商投资企业数多达 16 309 户。其次是吉林和黑龙江，2013—2019 年两省外商投资企业投资总额占中国东北的比重相差不大，2020 年后，黑龙江外商投资企业投资总额大幅增

---

① 中国东北外商投资企业投资数据来自国家统计局（http://www.stats.gov.cn/sj/）。

长，赶超吉林并与吉林的差距逐渐拉大，2022年黑龙江吸引FDI流量占中国东北吸引FDI流量总额的20.6%，高于吉林占比的6.1个百分点。受制于经济基础、地理因素、政策倾向等因素，长期以来，内蒙古在吸引外资方面远落后于东北其他三个省份乃至全国平均水平，2022年内蒙古外商投资企业投资总额占中国东北的比重仅为5.8%。整体来看，辽宁稳居中国东北外商企业投资主体地位，省内外商投资主要集中在沈阳和大连，占全省引进外资的六成以上。

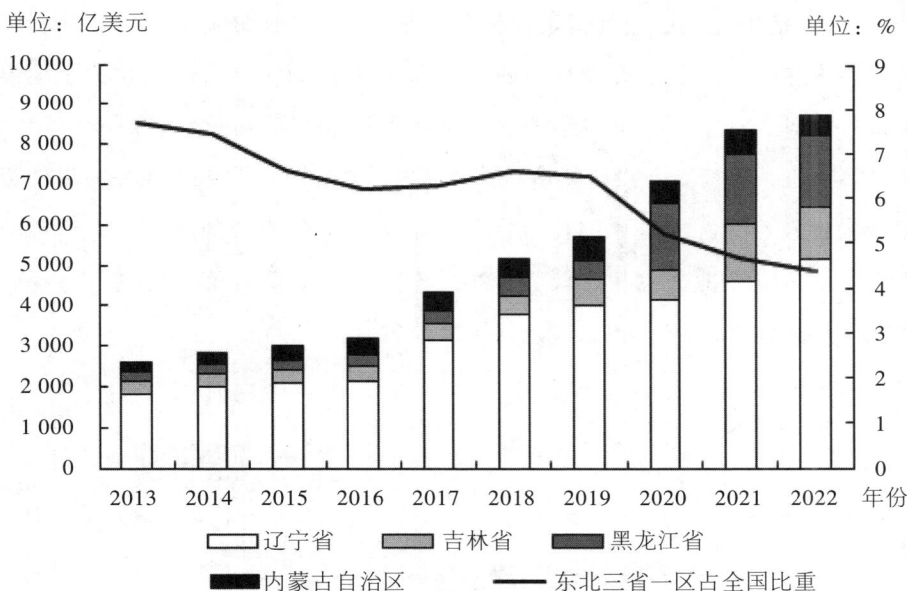

单位：亿美元　　　　　　　　　　　　　　　　　　　　单位：%

图3-8　中国东北外商投资企业投资总额规模及占全国比重（2013—2022年）

数据来源：笔者基于国家统计局数据整理得到。

　　第三，从中国东北实际利用外资①的变化趋势来看，如图3-9所示，2020—2022年东北三省一区实际利用外资的规模不断提升，实际利用外资规模从2020年的39.6亿美元增长至2022年的73.8亿美元，占全国的比重也从2.5%提升至3.9%，利用外资的水平不断提升。分省区来看，东北三省一

---

　　①　中国东北各省实际利用外资数据来自商务部《中国外资统计公报》，仅可得2020—2022年的数据。

区中，辽宁的实际利用外资规模远超其他三个省区，2022年辽宁的实际利用外资规模为61.6亿美元，占东北三省一区实际利用外资总规模的八成以上。辽宁实际利用外资的增速也快，其2022年的规模是2021年的两倍。吉林和黑龙江的实际利用外资规模则在2021年增长后于2022年出现下滑，甚至低于2020年的实际利用外资规模。内蒙古在2020年是东北三省一区中实际利用外资最少的地区，但一直保持增长趋势，至2022年实际利用外资规模达到5.4亿美元，已经赶超了吉林和黑龙江。从全国来看，辽宁实际利用外资规模在全国的占比从2021年的1.8%提升至2022年的3.3%，位列全国第七位。而且，辽宁2022年新设立企业数也多达644家，占全国总数的1.7%，位列第十位，外商企业投资热情高涨。吉林、黑龙江、内蒙古实际利用外资的规模都较小，在全国中的比重常年低于0.5%，位于全国后十位。这三个省区的新设立企业数也相对较少，2022年黑龙江新设企业143家，而吉林、内蒙古仅分别有67家、40家，远低于其他省份。

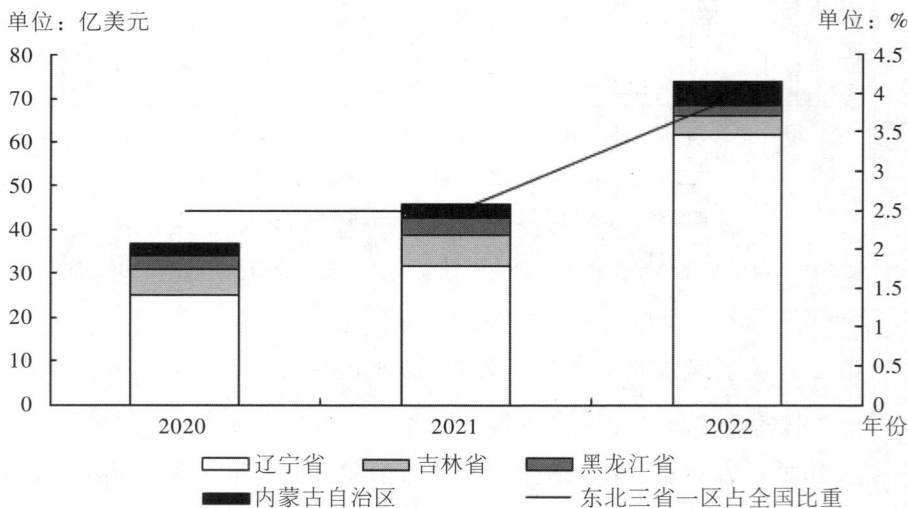

图3-9 中国东北实际利用外资及占比（2020—2022年）

数据来源：笔者根据商务部《中国外资统计公报》整理制作。

第四，从实际利用外资的来源地①构成来看。从省区来看，辽宁主要外资来源地是韩国、日本、新加坡、瑞士、法国等国家。另外，2021年中国香港向辽宁投资高达16.6亿美元，其投资金额远超过其他国家和地区。其次是韩国和日本，2021年分别向辽宁投资7.9亿美元和1.6亿美元。黑龙江主要外资来源地有开曼群岛、伯利兹、维尔京群岛、韩国和美国等国家和地区。其次是拉丁美洲，主要来源地为开曼群岛、伯利兹和维尔京群岛，这三个地区外商投资额合计占比12.6%。吉林主要外资来源地有德国、日本等国家和地区。截至2022年9月，港资在吉林投资企业超过400户，累计直接投资约85.4亿美元，均位居在吉林投资国家和地区首位。内蒙古主要外资来源地有新加坡、法国、蒙古国等国家和地区，同东北其他省份一样，港资是内蒙古重要的投资来源，2021年中国香港向内蒙古投资2.6亿美元。

第五，从中国东北利用外资的行业分布来看，近年来，辽宁吸引FDI流量的第一大行业是制造业，2021年制造业外资额占比36.3%，其次是租赁和商务服务业和房地产业，分别占比34.3%与8.1%。黑龙江吸引FDI流量的第一大行业同样是制造业，2021年制造业外商直接投资占黑龙江投资总额的40.2%，其次是采矿业、租赁和商务服务业、科学研究和技术服务业，分别占比16.6%、15.7%与12.2%，其余行业占比都较少，均未超过5%。内蒙古吸引FDI流量主要集中在农林牧渔业、制造业和电力、燃气及水的生产和供应业等行业，2021年农林牧渔业实际利用外资额占内蒙古实际利用外资总额的54.7%，这与长期以来内蒙古依靠发展资源型产业提振经济路径是相符的。与其他省区相似，吉林主要利用外资行业分布在制造业、房地产业和服务业。

由上可见，中国东北吸引FDI流量的特点有以下几点：第一，从外商投

---

① 辽宁、黑龙江和内蒙古实际利用外资的来源地构成及行业分布数据来自各省区统计年鉴，数据更新至2021年。吉林相关数据来自中国新闻网（https://chinanews.com.cn/dwq/2023/01-17/9937079.shtml）。内蒙古统计年鉴指出"2021年起外资工作口径改为商务部统计口径，与之前数据不可比"，因此本书中主要分析2021年后的投资情况。

资企业投资总额上看，近年来，中国东北外商投资企业投资总额增长幅度显著，但与发达省区相比，仍然存在不小的差距。从其空间分布来看，外商企业在中国东北投资的空间分布不均衡，主要集中在辽宁，其余省区外商投资企业投资总额的比重明显偏低。第二，从中国东北实际利用外资的趋势看，东北三省一区实际利用外资的规模以及占全国的比重不断提升，且辽宁利用外资规模远高于其他省区。第三，从外资来源地看，中国东北外资来源地单一，主要集中在以日本、韩国为首的亚洲地区，而对欧美国家和地区的外商企业吸引力有限，外商投资结构单一可能会加速东北本土企业结构失衡，同时制约本土企业的技术发展和产业创新。第四，从行业分布上看，东北吸引外资主要集中在以制造业为首的第二产业，其次是以房地产、租赁和商务服务业为主的第三产业，而在第一产业农林牧渔业的引资规模较小，长此以往可能会导致东北农林牧渔产业竞争力相对落后。另外，中国东北对高新产业以及现代服务业在外资方面的利用水平较低，新兴和高技术产业一时间难以形成规模。

3.2.3 中国东北经贸合作的机遇与挑战

1）中国东北经贸合作的机遇

长期以来，党中央高度重视东北发展，自 2002 年党的十六大报告首次明确提出"支持东北地区等老工业基地加快调整和改造，支持以资源开采为主的城市和地区发展接续产业"以来，党中央出台了一系列支持、帮助、推动东北振兴发展的政策措施，如表 3-10 所示。2012 年 3 月，国务院批复了《东北振兴"十二五"规划》，2021 年 9 月，国务院再次批复同意《东北全面振兴"十四五"实施方案》，强调东北各省要重视东北全面振兴的重要性与紧迫性。习近平总书记也多次赴东北考察，召开专题座谈会并作出重要指示，2023 年 9 月习近平总书记在新时代推动东北全面振兴座谈会上指出，"东北资源条件较好，产业基础比较雄厚，区位优势独特，发展潜力巨大。

当前，推动东北全面振兴面临新的重大机遇"。

表3-10 东北振兴发展取得的重要进展（2002—2023年）

年份	重要进展
2002年	党的十六大报告首次明确提出"支持东北地区等老工业基地加快调整和改造，支持以资源开采为主的城市和地区发展接续产业"
2003年	《中共中央 国务院关于实施东北地区等老工业基地振兴战略的若干意见》出台，标志着这一战略正式实施
2007年	《东北地区振兴规划》发布，提出经过10年到15年的努力，实现东北地区的全面振兴。党的十七大进一步丰富《若干意见》精神，提出实施区域发展总体战略，全面振兴东北地区等老工业基地
2012年	国务院批复《东北振兴"十二五"规划》
2016年	《中共中央 国务院关于全面振兴东北等老工业基地的若干意见》发布，进一步明确了新时期推动东北振兴的新目标、新要求、新任务、新举措，标志着东北振兴进入了全面振兴新阶段； 发布《东北振兴"十三五"规划》
2018年	习近平总书记在东北三省考察并主持召开深入推进东北振兴座谈会
2019年	党中央、国务院对支持东北深化改革创新推动高质量发展作出重要部署
2020年	党的十九届五中全会要求"推动东北振兴取得新突破"
2021年	经国务院批复同意，国家发展改革委印发了《东北全面振兴"十四五"实施方案》，明确了"十四五"时期东北全面振兴重点任务、重点政策、重点项目
2022年	党的二十大报告提出"推动东北全面振兴取得新突破"
2023年	习近平总书记在黑龙江省哈尔滨市主持召开新时代推动东北全面振兴座谈会

资料来源：笔者根据中华人民共和国中央人民政府网站相关资料整理得到。

在此背景下，2022年1月RCEP开始生效，为中国东北全面振兴提供了重要发展机遇，东北各省必须更好地把握RCEP带来的机遇，提升东北在全国乃至整个东北亚区域的吸引力和竞争力，推动东北振兴取得新进展新成效。RCEP的签署与生效能够为东北振兴带来以下四方面机遇：

首先，RCEP为推动中国东北与日韩两国合作创造契机。中国东北地处东北亚中心地带，地理位置优越，在东北亚国家对外贸易中占据重要份额。其中，大连与日韩隔海相望，2020年，日本已成为大连第一大贸易伙伴、第一大外资来源国，韩国成为大连第二大贸易伙伴及第六大外资来源国。RCEP下中日韩三国间接达成FTA，有利于推动中日韩三国货物与服务贸易、技术交流、基础设施建设等多领域合作，提高三方信任感，建立长久健康的合作关系。近年来，逆全球化趋势明显，日元贬值、乌克兰危机、新冠疫情等复杂的国际形势，使得世界政治经济格局发生改变。以中日韩三国为代表的东北亚区域发展潜力巨大，逐渐成为亚洲发展的核心区域之一。中国东北能够利用与日韩临近的地理优势与贸易往来的历史，在RCEP下加强与日韩合作，提高东北对外开放水平，进而实现东北亚整个区域的深度开放与合作。

其次，RCEP为中国东北融入国内国际"双循环"新发展格局提供平台。国内国际双循环不仅表现在国内深化改革与高质量开放发展的积极配合方面，还表现在中国积极促成RCEP高水平自由贸易协定等方面（袁波、王蕊，2014）。当前，中国东北经济内循环成果显著，在国企改革、营商环境优化、创新机制构建等方面均迈出坚实步伐。同时，中国东北经济外循环发展空间巨大，整体对外开放水平较低，缺乏倒逼改革的外部动力，贸易便利化水平、引进外资规模和质量有待提升。RCEP的优惠政策有利于深化中国与区域内国家全方位、多领域合作，中国东北应抓住RCEP这一重大机遇，依托东北与东北亚、RCEP成员国经贸合作的既有基础，同时利用自身制造业积累，增强产业链供应链韧性，改善东北营商环境，超前布局潜力产业、重点聚焦优势产业、提升主导产业发展质量，对接RCEP高标准高水平规则。建设中国东北自贸区、自由港，有利于东北打造"双循环"战略支点、推动更高水平对外开放，实现经济高质量发展，进而有利于东北构建以国内大循环为主体、国内国际双循环相互促进的新发展格局。

再次，RCEP是促进中国东北经济发展的关键环节。RCEP涵盖范围包括东亚、东南亚及大洋洲国家，是全球规模最大的经济协定之一，其成员也在全球经济中占据重要席位。2020年，受新冠疫情影响，全球经济持续低迷，中日韩三国GDP总和超过了美国和欧盟，可见全球经济重心逐渐向东亚转移。因此，深化中国与日韩及东盟之间的经贸合作有利于加速中国经济发展与亚太区域经济一体化进程。RCEP生效将为中国带来巨大的经济效益，能够避免贸易保护主义对区域内生产网络的破坏，维护中国供应链稳定，完善中国知识产权制度，提高贸易便利化水平等。中国东北作为老牌重工业基地，产业结构单一，随着全球经济发展与技术更新，东北产业发展逐渐落后于发达地区，经济发展也与发达地区逐渐拉大差距。RCEP下区域内关税降低，贸易自由化程度与便利化程度大幅提升，服务贸易限制减少，这些措施有助于中国东北企业"走出去"与"引进来"，并频繁与RCEP成员国开展货物与服务合作。

最后，RCEP有利于中国东北实现产业与技术革新。RCEP第十四、十五章节分别为中小企业与经济技术合作章节，中小企业章节旨在推动中小企业利用RCEP开展经济合作，主要涉及贸易、投资等商务领域，经济技术合作章节通过在货物与服务贸易、投资、知识产权、竞争等方面提供技术援助，缩小各成员国经济发展差距。上述章节涉及领域有助于中国东北进行产业结构调整及产业升级，对于东北未来大力支持的先进产业，可以通过RCEP与具备产业优势的国家合作，利用上述章节学习该国先进技术与经验。如康养产业方面，中国东北老龄化水平逐年攀升，康养产业市场潜力巨大，但产业发展尚未能满足市场需求。由于日本早已步入老龄化社会，在医疗与养老产业方面积累了较多经验，中国东北可以利用RCEP与日本康养相关企业或机构建立合作项目，通过自然人临时移动章节促进双方技术人才交流，提高服务业在地区生产总值中所占比重。

2）中国东北经贸合作面临的挑战

一方面，中国东北推进中日韩地方经贸合作示范区进度缓慢。2012年3

月，国务院批复山东半岛蓝色经济区建设中日韩地方经济合作示范区，山东省以中国（山东）自由贸易试验区青岛片区、烟台片区、济宁片区以及中韩（烟台）产业园、中日（青岛）地方发展合作示范区为基础，围绕高端装备、新一代信息技术、新能源汽车、生物医药等先进制造业和工业设计、金融服务等现代服务业全力推进中日韩地方经贸合作示范区建设；2021年2月，在中韩（盐城）产业园、中日（苏州）地方发展合作示范区两个国家级合作平台基础上，江苏省认定南京经济技术开发区、无锡高新技术产业开发区、常州高新技术产业开发区等7个开发区为首批中日韩（江苏）产业合作示范园区，在高端智造、生命健康、半导体、生物医药等领域着力打造中日韩产业合作新高地。与山东省及江苏省中日韩地方经贸合作示范区相比，中国东北各省行动开始较晚。大连作为中日地方发展合作示范区，具有基础优势，但并未起到引领作用，经济效应不明显，产业集聚、资源整合等方面尚未形成整体系统，发展仍有较大提升空间。因此，在借助RCEP实现东北振兴时，也应解决起步晚、见效慢等地方经贸合作示范区的建设问题。

另一方面，RCEP可能会加重区域内高新技术产业竞争。中国东北装备制造业产业基础雄厚，但高新技术产业占比较低，产业亟待转型升级。目前全球高端产业链竞争愈发激烈，而中国东北仍以传统工业为主，处于产业链上游，产品结构低端，附加值低，高附加值产业占比较低，种类不全，产业链需向下延伸，产业链条仍不健全。此外，中国东北产能过剩严重，面对过剩的产能，东北尚未做好充分的应对策略与准备，同时高端技术产业发展也未能跟上，与日韩两国在相关领域的合作、共同研发与生产方面交流不充足、不深入，区位优势利用不充分。RCEP在带来机遇的同时也可能加剧区域内竞争，因此依靠RCEP实现中国东北全面振兴必须克服上述存在的问题，提高出口产品竞争力。

3.3 中国东北与RCEP成员国经贸合作现状及特征

3.3.1 贸易合作现状及特征

1）东盟

中国与东盟互为重要经贸合作伙伴，不仅签订了双边FTA，还在RCEP等框架下进一步深化合作。特别是2020年中国与东盟贸易逆势增长，东盟超过欧盟跃升成为中国第一大货物贸易伙伴，至2022年已经连续三年维持第一大贸易伙伴地位。然而，中国东北地处中国最北端，与东盟在地理位置上相隔甚远，中国东北与东盟经贸往来水平弱于邻近的东北亚国家，东盟与中国的经贸合作也多布局于中国东南沿海省市，双方合作潜力有待进一步挖掘。当前，中国-东盟FTA已经启动3.0版谈判，共同提升协定开放水平，同时RCEP也已经正式生效，将推动中国包括中国东北与东盟的经贸往来更上新台阶。

第一，贸易规模方面。如图3-10所示，2013—2022年，中国东北三省一区与东盟的贸易规模呈现波动趋势。2013—2014年，中国东北与东盟的贸易规模略有上升，至2014年进出口总额达到165亿美元的峰值，中国-东盟FTA在双方贸易中起到极大的带动作用。中国-东盟FTA签署于2002年并于2010年全面生效，也是中国的首个FTA，开启了中国FTA网络构建的新征程。2015年后，中国东北与东盟的贸易开始出现下滑，这与中国总体贸易趋势一致，既有国际经济低迷、外需减少、全球主要大宗商品价格大幅下跌的外因，也有中国出口商品结构老化、竞争力下降等内因，同时还有中国主动调整产业及贸易结构、培育新的外贸竞争优势所形成的阶段性低谷的因素。2015年，中国与东盟签署了升级议定书并于2019年全面生效，双方91.9%的商品已实现零关税，其中中国对东盟94.6%的货物实行零关税，有效促进双方贸易往来。2020年受新冠疫情影响，全球贸易同步缩减，中国东北与东盟的贸易规模达到低谷99亿美元，此后随着经济逐渐复苏，双方贸易也开始回暖，2022年贸易规模达到154亿美元，同比增幅达到12%。从贸易差额来看，中国东北与东盟的贸易一直表现为顺差，且顺差的变动趋势与贸易规模变动趋势基本一致。2022年，中国东北与东盟的贸易顺差为67亿美元，出口规模约是进口规模的2.5倍。

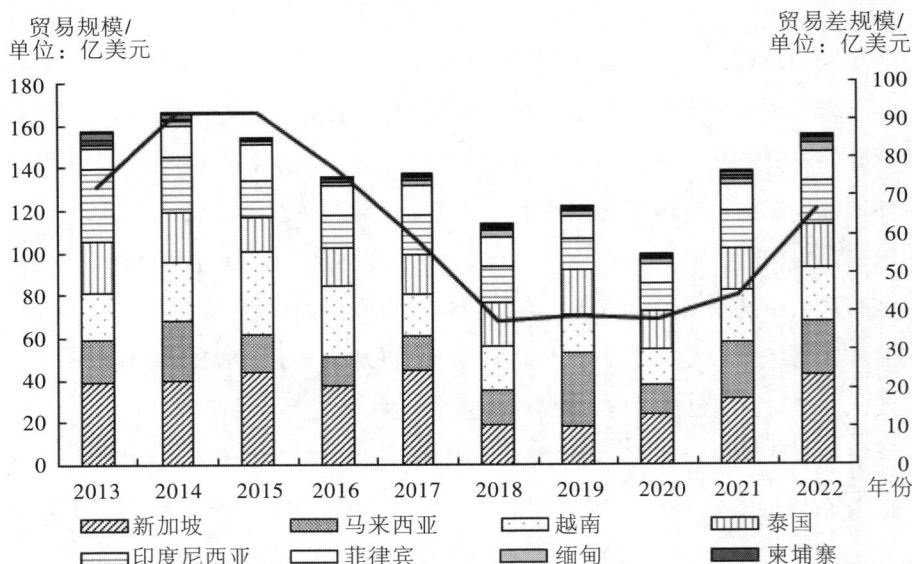

图 3-10 中国东北与东盟国家贸易规模及差额（2013—2022年）

数据来源：笔者基于EPS中国地区贸易数据库整理制作。

在东盟10国中，新加坡、马来西亚、越南、泰国与中国东北的贸易额位居前列，2022年上述四国占中国东北与东盟贸易的七成以上。其中，2022年新加坡与中国东北的贸易额最高达到42亿美元，与上一年相比增长38%，也是涨幅最大的成员国。缅甸、柬埔寨、老挝等欠发达国家与中国东北的贸易量仍偏小，有较大发展空间。

从各省区来看，如图3-11所示，中国东北各省区与东盟的贸易占比的地域差异较大。辽宁是东北对外开放的前沿，与东盟的贸易规模远超过其他三省区。2022年，辽宁与东盟贸易规模高达108亿美元，甚至约为其他三省区之和的三倍，且东盟一直是辽宁的重要贸易伙伴，占比在一成左右徘徊。内蒙古自治区与东盟贸易在2021年后迸发出新的活力，2021年的贸易规模相比上一年增加了六成，贸易规模位于中国东北的第二位。且东盟在内蒙古自治区对外贸易中的地位逐渐提升，2022年与东盟的贸易规模占其总规模的9%，比率在中国东北中达到最高。吉林和黑龙江与东盟之间的贸易也经历了疫情后的衰退与复苏，2022年的贸易规模都达到了历史新高，但二者与东盟的贸易占比都较低，黑龙江的占比还不足3%，具备较强的增长潜力。另外，在其他三省区对东盟贸易常年保持顺差下，吉林在个别年份出现贸易逆差。

单位：亿美元　　　　　　　　　　　　　　　　　　　　　　单位：%

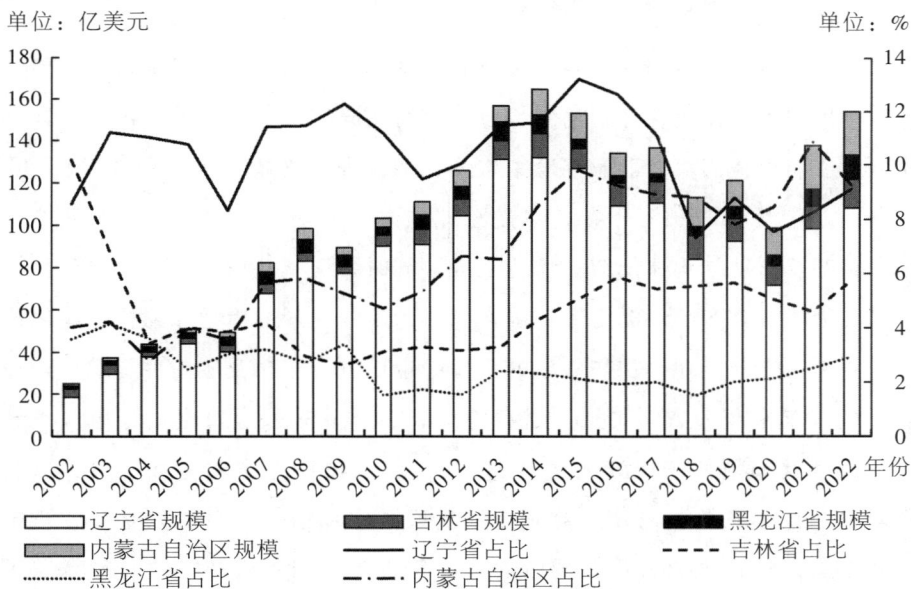

图3-11　中国东北与东盟国家贸易规模及占比（2013—2022年）

注：占比表示与东盟贸易分别在各省对外贸易中的占比。

数据来源：笔者基于EPS中国地区贸易数据库整理制作。

第二，贸易结构方面。东盟不仅自然资源丰富，还已经逐渐成为全球加工制造基地之一。东盟10国中，新加坡的经济水平与科技实力强劲，以电子工业作为其传统优势产业之一，农业占比不高且服务业高度发达。其他东盟国家则主要依靠资源、劳动力禀赋优势参与国际贸易，中国也将部分低附加值的生产环节转移至东盟，特别是越南。具体而言，东盟地区的石油和锡等矿产资源丰富，马来西亚锡矿砂产量居世界第一；印度尼西亚是重要的石油、天然气出口国。东盟还是全球热带经济作物的最大产区，马来西亚是世界最大的棕油生产国和出口国，泰国的橡胶生产居世界首位，菲律宾是世界上最大的椰子生产国，泰国、缅甸和越南也是世界最重要的稻米产区。东北作为中国的老工业基地，具备完善工业基础，主要从事加工贸易，其进出口结构与中国整体类似，对东盟出口的主要是机电产品、运输设备等制成品，自东盟进口主要是加工贸易原材料或者初级产品。

　　具体至各省，中国东北各省区具有独特优势，依托比较优势在与东盟的贸易中扮演不同角色，在贸易结构方面有所差异。辽宁为东北的重要工业基地，主要向东盟出口船舶及浮动结构体、钢铁等制成品，与辽宁的主导产业相符。辽宁具备较长海岸线，也是东北的海港和港口的集聚地，船舶业发达，船舶及浮动结构体出口占比达三成。同时，辽宁从东盟大量进口矿物燃料、矿物油及其产品、沥青等初级产品作为工业生产的重要原料。吉林以汽车产业作为支柱产业，在与东盟的出口中也以各类车辆及零附件为主，印证了中国汽车生产大省的特征。进口方面，吉林从东盟进口电机、电气、音像设备及其零附件占比较大达到57.1%，将东盟视为重要的加工贸易原材料来源地。黑龙江、内蒙古对东盟的出口同样以钢铁、有机化学品、机电产品为主，但在进口方面差异较大。内蒙古与辽宁和吉林类似，自东盟进口矿产品等加工贸易原材料较多，特别是矿砂、矿渣及矿灰占比高达60.5%，对于矿产品的需求较高。黑龙江从东盟进口的产品则以资源品居多，包括制粉工业产品、麦芽、淀粉等植物产品以及鱼及其他水生无脊椎动物等动物产品。

2）澳大利亚、新西兰

澳大利亚和新西兰是中国重要的贸易伙伴，同时澳大利亚也是中国东北的前十位贸易伙伴之一，同时中国又常年是澳大利亚排名第一的贸易伙伴，因此中国东北与澳大利亚、新西兰间的双边贸易对中国与澳大利亚、新西兰间的贸易发展十分重要。然而，中国东北与澳大利亚和新西兰分别地处RCEP区域的最北端与最南端，因此中国东北与澳大利亚和新西兰间的贸易饱受地理距离的挑战。紧密的自由贸易合作成为维系东北和澳大利亚、新西兰贸易的纽带。中国不仅分别与澳大利亚和新西兰签订了高水平的双边FTA，还同RCEP的成员国进行深入合作，借助区域贸易协定拉近贸易距离。2022年8月，中国正式成立中国加入《数字经济伙伴关系协定》（Digital Economy Partnership Agreement，以下简称DEPA）工作组，也标志着中国与新西兰间的贸易有机会进一步拉近。

第一，在贸易规模方面，如图3-12所示，中国东北与澳大利亚和新西兰的贸易相较于其他国家，贸易规模较小，波动较为剧烈。中国东北除黑龙江外，其他省区与澳大利亚和新西兰的贸易规模差距约为十倍，因此中国东北与两国的贸易规模主要受到中国与澳大利亚贸易影响。2013—2016年，受中澳贸易摩擦的影响，中国东北与澳大利亚和新西兰的贸易规模持续下行，在2016年达到历史最低值。随着2015年12月中澳间自由贸易协定签订，中国东北与澳大利亚和新西兰的贸易进一步紧密，在全球经济下行的背景下仍呈现上升趋势。2020年RCEP的签订为中国东北与澳大利亚、新西兰的贸易提供了新的动力，贸易规模于2021年达到了峰值100亿美元。从增速来看，中国东北对澳大利亚和新西兰的贸易增速在20%周围波动，2018年中澳自由贸易协定的贸易创造效应滞后显现，中国东北贸易均有大幅增长，黑龙江尤为明显。从区域来看，辽宁位于中国东北的最南端，拥有中国东北最大的港口大连，是进出口规模最大的地区。

单位：亿美元　　　　　　　　　　　　　　　　　　　　　　　　　单位：%

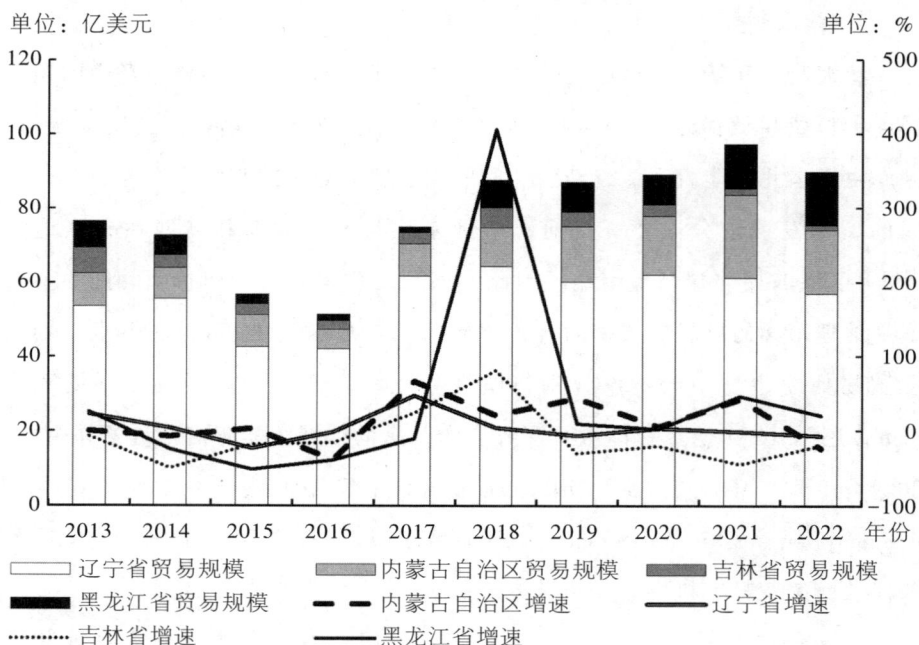

图3-12　中国东北与澳大利亚和新西兰双边贸易总额及增速（2013—2022年）

数据来源：笔者基于EPS中国地区贸易数据库整理制作。

　　第二，进一步剖析贸易总额发现，中国东北对澳大利亚和新西兰的进出口贸易处于严重的贸易逆差。如图3-13所示，吉林的贸易逆差于2017年起呈现逐渐缩小趋势，辽宁贸易逆差最大。中国东北与澳大利亚间贸易的深度逆差与其贸易结构相关。澳大利亚出口以矿产资源为主，而进口则以高精尖制造业产品为主。根据商务部外贸发展局统计，2023年中国自澳大利亚进口前十大商品中包含了矿石、原油、小麦及羊毛四类，其中矿石类占比八成，铁矿砂及其精矿进口为826.3亿美元，位居第一，比第二位其他烃类气高出七倍，而从中国进口的产品则以轻工业和高精尖产业产品为主，自动数据处理设备及其部件位居首位，其次是电话等数据传输设备、载人机动车辆、家具及其零件等①。这与中国东北的产业结构吻合，中国东北作为重工业基地，主要生产并出口机械设备、钢铁等制成品。澳大利亚是中国东北的原材料来源国，但并非其制成品市场，因此造就了中国东北与澳大利亚、新西兰间巨大的贸易差额。其中，辽宁作为东北的港口，贸易逆差尤为显著。

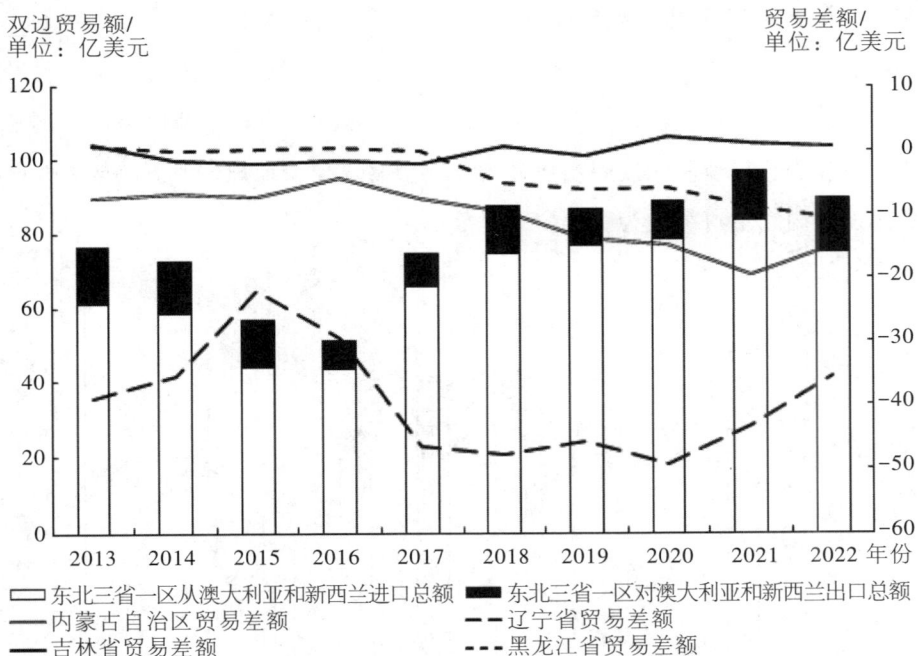

图3-13　中国东北与澳大利亚和新西兰进出口贸易差额（2013—2022年）

数据来源：笔者根据EPS中国地区贸易数据库数据整理计算。

3）日本和韩国

中国作为日韩第一大进出口国，三国之间贸易和投资均呈现逐年增加的态势，本书主要从贸易进出口额的角度分析中国东北与日韩两国的贸易往来现状。

从对日韩两国整体的贸易额来看，如图3-14所示，2013—2022年10年间，辽宁对日韩两国进出口贸易总额远高于吉林、黑龙江和内蒙古三省区，

① 数据来源：商务部外贸发展局，中澳双边贸易（2022），https://www.tdb.org.cn/u/cms/www/202309/28154018iu1u.pdf。

究其原因在于辽宁南邻黄海、渤海，与日韩两国隔海相望，兼具地理优势与历史优势。其中，大连作为辽宁的港口城市，是重要的国际航运中心、国际物流中心、区域性金融中心，在辽宁与日韩的贸易中占据重要份额。吉林对日韩两国进出口贸易额相较黑龙江和内蒙古略高，2013—2022年间，吉林对日韩的进出口贸易额均超过24亿美元，其中从日韩的进口额高于对其出口额。黑龙江对日韩贸易规模在三省一区中最小，且2016年对日本贸易额达到最高为15.95亿美元，对韩国进出口贸易总体呈逐年下降趋势。中国东北对日韩进出口贸易额反映出各省的主要贸易对象受地理位置影响较大，距离相近的国家更可能成为主要贸易对象国。

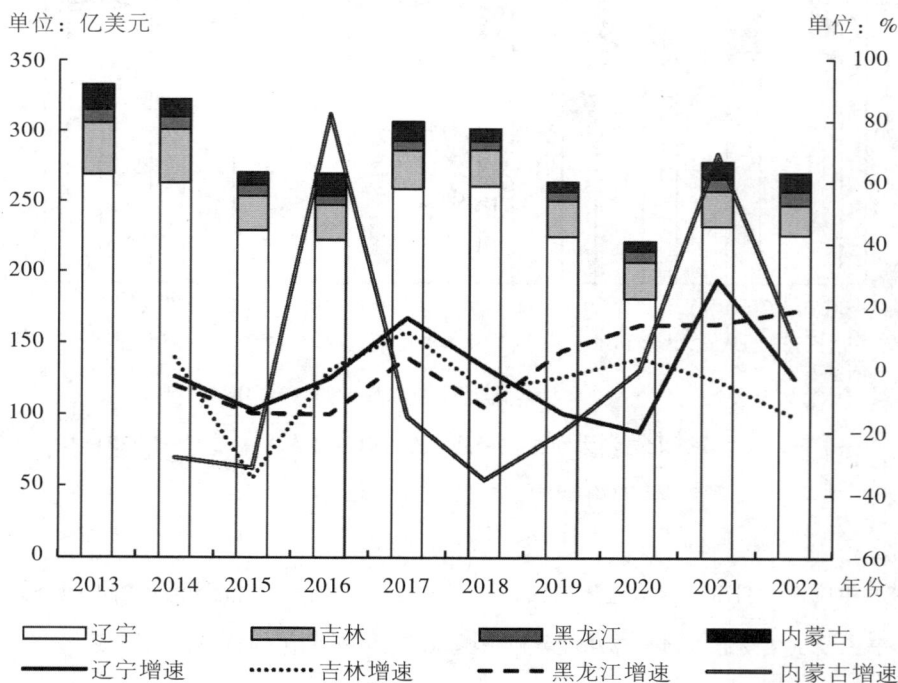

图3-14　中国东北与日韩两国进出口贸易总额及增速（2013—2022年）

数据来源：笔者根据《辽宁统计年鉴》《吉林统计年鉴》《黑龙江统计年鉴》《内蒙古统计年鉴》数据计算整理所得。

从贸易额增速来看，整体上，黑龙江对日韩进出口贸易额增速变化较其他两省一区更为平稳，吉林与辽宁次之，内蒙古对日韩进出口贸易额增速变化最为剧烈。具体来说，2016年内蒙古对日韩进出口贸易额增长率高达82.57%，之后迅速下降，2018年跌至谷底后贸易额增长率逐渐上升，2021增速高达69.43%。2020年辽宁对日韩进出口额大幅降低，增速降为负值，即下降19.71%。2018—2020年吉林对日韩进出口贸易额增幅较小，受疫情影响，2021年开始，吉林与日韩贸易额逐年减少，负增长率接近2015年的最低值。2013—2022年间黑龙江对日韩进出口贸易额增速总体呈缓慢上升趋势，波动幅度小，以2018年为界，2018年前黑龙江对日韩进出口贸易增长率有正有负，2018年后增长率均为正，且2022年增长率达到2013年以来最高值。

3.3.2　对外投资合作现状及特征

1）东盟

中国东北与东盟的双向投资①规模较小，以新加坡为主要投资伙伴。从各省区看，根据表3-11，2021年辽宁吸收来自新加坡的外商投资9 909万美元，是上一年的2.1倍，新加坡成为辽宁第四大外资来源地。其他东盟国家对辽宁的投资则波动较大，2021年除新加坡外，辽宁还有来自印度尼西亚的外资，2020年之前马来西亚、菲律宾也是辽宁的重要外资来源地。近年来，辽宁利用东盟的外资逐渐以新加坡为主，利用其他东盟国家的外资规模逐渐缩小。如表3-12所示，黑龙江2021年实际使用来自新加坡的外商投资101万美元，规模相对较小，仅占来自亚洲外商投资的0.33%。与辽宁类似，东盟其他国家如马来西亚、菲律宾、文莱也曾是其重要外资来源地，但近年来，黑龙江利用东盟国家的外资规模逐渐缩小且集中于新加坡一国。内蒙古

---

①　数据来源：辽宁、黑龙江、内蒙古数据来源于各省区2022年统计年鉴，该数据仅报告投资规模较大的来源地。《内蒙古统计年鉴》指出"2021年起外资工作口径改为商务部统计口径，与之前数据不可比"，因此本书中主要分析其2021年后的投资情况。吉林数据缺失。

2021年实际使用外资额中，新加坡排在第二位，为4 919万美元，占其实际利用外资规模的15.6%，与上一年的占比4.4%相比大幅提升，同时也是第三位法国的7.5倍。

表3-11　　　辽宁省按国别实际利用外资额（2013—2021年）　　　单位：万美元

年份国别	2013	2014	2015	2016	2017	2018	2019	2020	2021
新加坡	112 578	109 643	24 557	12 272	16 520	9 530	7 013	4 653	9 909
印度尼西亚	80								11
马来西亚	8 045	10 761	119	72	1 335	458	185		
菲律宾	2 849	1 612	1 180		370	585	370		
泰国	587	102							
澳大利亚	11 221	25 468	37	15	147	530	1 452	100	52
新西兰	366	303	75	114	18		16	626	71
日本	430 131	301 666	23 971	24 643	28 762	23 587	23 624	13 456	16 506
韩国	201 222	91 633	7 992	6 528	6 222	3 681	7 820	3 251	79 084
总额	2 163 235	1 879 752	684 414	922 046	2 653 571	1 558 317	1 287 790	654 011	992 167

注：总额为辽宁省实际利用外资总额。

数据来源：笔者根据《辽宁统计年鉴》整理得到。

2）澳大利亚和新西兰

相较其他RCEP成员国而言，中国东北与澳大利亚和新西兰的投资合作较少，投资规模和占比也较小。从辽宁看，辽宁利用澳大利亚和新西兰的外资规模波动趋势较大，2021年，辽宁的实际利用外资规模中来自新西兰的为71万美元，来自澳大利亚的为52万美元，都较上一年大幅下滑。黑龙江在2015年至2018年也实际利用澳大利亚和新西兰的外资较多，但2019年后

表3-12　　　**黑龙江省按国别实际利用外资额（2013—2021年）**　　　单位：万美元

年份 国别	2013	2014	2015	2016	2017	2018	2019	2020	2021
新加坡		26 760	9 351	1 122	10 602	62 109	18 065	124	101
马来西亚		49		162	21 369				
菲律宾			1 725			3 000			
文莱	320			1 275					
澳大利亚			1 144	9 133	6 243	2 837	44		1
新西兰	60			4 187	2 475	2 916	5 639		
日本	4 201	6 252	6 094	2 572	5 839	308	186	29	13
韩国	4 797	6 076	4 806	6 952	4 690	23 834	727	129	292

注：总额为黑龙江实际利用外资总额。

数据来源：笔者根据《黑龙江统计年鉴》整理得到。

该规模也出现大幅下滑，2021年实际利用澳大利亚的外资仅为1万美元。内蒙古利用澳大利亚和新西兰的外资更少，在统计年鉴里也未列示。

3）日本和韩国

日本和韩国与东北三省一区地理位置相近，投资合作也相对密切，一直是东北三省一区的重要投资方。从各省区而言，近年来，辽宁实际利用日本和韩国的外资逐渐减少，但两国仍在其外资中占较高比重，依托地缘优势密切开展投资合作。其中，日本一直是辽宁的重要外资来源地，2021年的实际利用外资金额也达到16 506万美元，位列第三；2021年韩国是辽宁第二大外资来源地，外资规模高达79 084万美元，占辽宁实际利用外资总规模的1/4，其金额是2020年的24.3倍，实现了大幅跃升，其规模甚至赶超日本。黑龙江也同样积极利用日本和韩国的外资，但实际利用外资规模也出现下滑，2021年实际利用外资的来源中，日本为13万美元，韩国为292万美元，都不足黑龙江实际利用外资的1%。2021年，内蒙古实际利用来自日本的外资15万美元，仅占其实际利用外资的0.05%，韩国则可能由于规模较小未列示数据。

3.4　RCEP规则在中日养老合作中的应用——以中国东北为例

3.4.1　中国东北的养老现状及RCEP背景下的新动向

1）中国东北养老现状

自党的十八大以来，中国已经形成积极应对老龄化的战略部署，社会保障体系在不断完善，养老服务业快速发展。"十四五"时期，老龄人口数量和比例突破新高，积极应对人口老龄化已成为国家重要战略之一。《2022年度国家老龄事业发展公报》指出，截至2022年末，全国65周岁及以上老年人口20 978万人，占总人口的14.9%，已经步入了老龄社会[①]。聚焦东北各省，根据2020年第七次全国人口普查结果显示，辽宁65岁及以上人口占总人口比例高达17.4%，为全国最高；吉林和黑龙江65岁及以上人口占总人口比例均为15.6%，也位于全国前列。2022年，辽宁60岁及以上人口占比高达27.6%，高于全国7.8个百分点，65岁及以上人口抚养比也高于全国7个百分点，老龄化形势愈发严峻，养老负担加重。吉林和黑龙江2022年65岁及以上人口占比相较2020年增长了约2个百分点，其增速也快于全国水平。内蒙古65岁及以上人口占比以及抚养比一直略低于全国水平，但是2022年60岁及以上人口占比达到21.5%，表明人口老龄化也是内蒙古将要面临的未来趋

[①]　按照联合国《人口老龄化及其社会经济后果》的标准，当65岁以上老年人口占总人口的比例达到14%时，说明该国家或地区已经进入了老龄社会。

势（见表3-13）。近年来人口老龄化现象越加严重，人才流失和人口流失问题也尤为突出，人口结构失衡问题成为制约东北经济发展的一大障碍和顽疾。推进东北地区老龄事业和老龄产业发展，加强养老设施建设，积极开展养老服务，应对人口老龄化势在必行。

表3-13　　　　中国东北人口老龄化现状（2020年和2022年）

省区	2020年		2022年		
	65岁及以上人口占比（%）	全国排名	60岁及以上人口占比（%）	65岁及以上人口占比（%）	65岁及以上人口抚养比（%）
辽宁省	17.4	1	27.6		28.8
吉林省	15.6	6	25.3	17.7	24.8
黑龙江省	15.6	7		17.8	24.4
内蒙古自治区	13.1	18	21.5	14.7	20.4
全国	13.5		19.8	14.9	21.8

数据来源：各省区2020年数据来源于国家统计局2020年第七次全国人口普查数据；2022年人口年龄构成数据来源于各省区的国民经济和社会发展统计公报，65周岁及以上老年人口抚养比数据来源于《中国统计年鉴2023》中的2022年人口抽样调查。

与国内其他地区相比，东北地区较早开展了应对人口老龄化的探索，同时也积极在养老领域进行国际合作，特别是与养老经验丰富、经贸关系密切的日本进行互惠合作。例如，辽宁省大连市是在全国范围内较早开展养老产业平台建设的城市，取得了良好的经济效益和社会影响。自2004年开始，大连与日本养老产业进行合作交流活动，至今已连续举办了17届大连国际老龄产业博览会，展品涵盖养老地产及建筑配套、医养融合、智能化养老、食品药品保健品、老年金融及生活用品等诸多领域，为境内外涉老生产企业、贸易商和涉老服务机构搭建展示交流、贸易合作、供需对接平台，有效推动中日养老合作，带动东北地区养老产业发展。

然而，中国东北在养老方面仍存在一定的问题。其一，中国东北各省区的人口老龄化形势不同，对于养老问题的应对情况也不平衡，辽宁较早开启养老问题的探索之路，吉林和黑龙江次之，内蒙古则相对滞后。其二，相较经济发达的省区市，东北地区养老产业发展存在诸多问题，东北地区养老产业整体发展规划及管理体制机制运行欠完善，例如长期护理保险制度的试点在东北三省一区较少；各省现有养老产业基础和优势未得到充分发挥，对于养老相关行业发展的重视程度不足；养老专业人才流失严重且从业人员水平参差不齐。其三，东北地区进行养老产业国际合作的效果有待提升，养老产业的外资合作水平不高，不仅外资进入受限、合作门槛高，而且部分外资企业在中国市场出现"水土不服"现象，导致东北地区未能充分汲取国际经验转化为自身发展动能。

2）RCEP背景下中国东北养老的新动向

随着RCEP的生效实施，其涵盖的货物贸易规则、原产地规则、服务贸易和投资规则、自然人临时移动规则为促进养老产品贸易、扩大养老服务开放、畅通养老人才流动等提供全方位的规则依据，也为东北养老产业的发展带来了重大发展机遇。同时，《"十四五"国家老龄事业发展和养老服务体系规划》强调，"广泛开展国际交流与合作，推动落实一批具有技术先进性、理念创新性、模式带动性的示范合作项目"，为东北对外开展养老产业合作提供了重要发展思路。因此，利用RCEP有关规则，推进东北地区加快形成以养老服务产业为核心，以养老产品制造、适老化居家改造、养老地产、旅居养老等为重点的养老产业布局，探索多维协调发展的养老产业全产业链，为推动东北养老产业高质量发展、打造经济发展的新增长极提供重要支撑。

东北地区现有养老产业未能有效运用RCEP规则，也为RCEP下的养老合作留有一定空间。一方面，养老企业对RCEP关注度不高。RCEP目前在东北主要应用于养老产品制造业企业的进出口，可有效减少贸易成本。东北养老产品制造领域不发达，涉及产品制造、技术专利引进、人员流动方面较少，导致养老企业普遍对RCEP关注较少。且出于价格优势原因，养老服务企业应用较多的养老产品如轮椅、护理床等大部分从本地或者中国其他地区购买，但在部分高端养老机构仍使用从日本及海外进口的高端养老产品，其技术更为先进、种类更为丰富、使用年限更长。RCEP生效后，其关税减让等相关规则会使企业在进口产品时获得更多实质性优惠，但由于企业对RCEP的关注度不高，更多企业仍未通过RCEP得到相关优惠。另一方面，企业对RCEP相关规则的理解和运用不充分。由于养老企业缺少对RCEP的了解咨询途径，对于RCEP中的养老服务承诺、自然人临时移动等规则与本地养老产业、人员流动等现有政策之间孰优存疑，对于适用RCEP规则缺乏信心。在未来一段时期内，伴随养老专业服务需求的提升和市场消费能力的增强，高端养老机构将会占领更多市场份额，高端养老产品的生产制造仍存在较大市场潜力，应尽快提升养老企业对RCEP规则的认识和理解，使之为养老产业的发展提质赋能。

3.4.2　RCEP规则在中日养老合作中的应用

养老产业内涵丰富，以养老产品和服务为切入点，衍生出基于老年人需求的教育、医疗、科技、金融等多领域业务，其可适用的RCEP规则也涉及货物贸易、服务贸易等多类条款。日本是中国对外进行国际养老合作的主要伙伴，以日本为例，RCEP中的以下条款可应用于养老产业合作。

1）货物贸易规则

RCEP下中国和日本的关税减让程度达到新高，养老相关产品也实现了优惠税率。RCEP生效后，中国对日本进口零关税比例将由占总税目的8%提升至86%，立即零关税的比例达25%，日本对中国的最终零关税覆盖率和立即零关税率更是达到97%和57%，可以有效激活中日货物贸易，满足双方老年人衣食住行等各方面需求。其中，养老相关产品例如老年营养品、药品等消费品以及医疗器械、康复辅助器具等工业品也在RCEP下实现了优惠税率。如表3-14所示，RCEP下中国对日本养老相关产品的开放承诺较高。抗菌素、血压测量仪、假牙等高需求的老龄医疗用品在协定生效后立即实施零关税，按摩器具、康复器械和一些医疗器械等高附加值产品也会分阶段在10或15年的过渡期中逐步削减至零关税。相较而言，日本的关税削减程度更高，降税安排更为迅速，药品、医疗器械等大部分养老相关产品在协定生效的第一年立即免税。另外，RCEP货物贸易章节还在给予成员国货物国民待遇、特定货物的临时免税入境、取消数量限制、优化进出口程序等非关税壁垒方面作出规定，进一步提升贸易自由化水平。

表3-14　　　　　　　　RCEP下中国对日本养老相关产品的降税安排

商品类别 （HS编码）	主要降税商品	基准税率	降税安排
有机化学品 （29）	维生素	4%	立即、第11年降为零关税
	抗菌素	4%、6%	立即、第11年降为零关税
药品（30）	人用疫苗	3%	第11年降为零关税
	含青霉素药品	6%	第11年降为零关税
	中式成药	3%、4%	立即、第11年降为零关税
	药品合计	3%~10%	立即、第11年降为零关税
医疗器械 （90.18~90.22）	助听器	4%	第11年降为零关税
	血压测量仪、假牙	4%	立即降为零关税
	按摩器具	15%	第11年降为零关税
	医疗器械合计	4%~15%	立即、第11年、第16年降为零关税
体育用品 （95.06）	健身及康复器械	12%	第11年降为零关税

资料来源：笔者根据RCEP附件一《中国对日本关税承诺表》整理制作。

2）原产地规则

RCEP在包括药品、医疗器械在内的多数产品实行区域累积原则，并将区域价值成分标准设置为40%，降低成员国产品获得享惠资格的门槛。RCEP区域内，企业可以根据自身需求开具原产地自主声明以及背对背原产地证明，帮助养老企业灵活布局贸易和物流安排。

3）服务贸易和投资规则

如表3-15所示，中国在RCEP的服务开放中新增与健康相关的服务和社会服务，放开养老服务的跨境提供和境外消费限制，并在市场准入方面允许外国服务提供者在中国设立外商独资的营利性养老机构，在国民待遇方面不作承诺，为日本独资养老机构在华经营打开了大门。另外，医疗和牙医、教育以及寿险、健康险和养老金/年金险等其他相关服务通过放开股权比例限制、拓展业务范围等方式实现了开放，也对中国引进日本养老服务具有积极作用。日本则采用负面清单，其上述养老相关服务基本上全面开放，其服务贸易开放水平在RCEP成员国中最高且基本达到CPTPP的承诺水平。同时，在投资方面，中国在RCEP中降低了准入门槛，在养老服务等服务业投资领域采取正面清单向负面清单过渡模式，在非服务业投资领域则以负面清单的形式进行承诺，推动中国的投资环境更加稳定、开放。中国还在药品制造等领域设定了投资保留及不符措施，保护敏感行业免受他国冲击。RCEP还对投资的促进、保护、自由化和便利化等作出规定，有利于打造养老产业良好营商环境，提升中日双向投资意愿。

4）自然人临时移动规则

中国在符合申请程序及相关资格的前提下，对商务访问者、公司内部流动人员、合同服务提供者、安装和服务人员、随行配偶及家属5类自然人准予临时入境。其中，公司内部流动人员包括掌握高级别技术、服务管理知识的专家，合同服务提供者可提供医疗和牙医、教育等与养老息息相关的服务。日本与中国相比增加了专家的类别，欢迎基于私人合同提供服务的独立专家入境。日本的自然人临时移动政策开放程度更高，除短期商务访问者外停留期限一般为 5 年。RCEP 还在入境手续、透明度等方面提高要求，帮助养老从业人员往来更加便利。

表3-15　　　　RCEP下中国养老相关服务的商业存在承诺

服务部门	分部门	市场准入	国民待遇
商业服务	医疗和牙医服务	允许设立合资医院或诊所，根据中国的需要设有数量限制，允许外资持有多数股权	合资医院和诊所的大多数医师和医务人员应当具有中国国籍
教育服务		允许外国投资合作办学，允许外方持有多数股权	不作承诺
金融服务	寿险、健康险和养老金/年金险	企业形式：允许外国人寿保险公司设立分支机构或外商投资企业；允许在中国设立外商投资保险公司的外国保险公司在境内设立分支机构。业务范围：允许外国投资者从事保险代理业务和公估业务。允许外国保险公司提供健康险、个人险/团体险和养老金/年金险。允许外国保险公司以分公司或外商投资公司的形式提供寿险和非寿险的再保险服务。许可：设立外国保险机构的资格条件为提出申请的前一年年末总资产超过50亿美元（保险经纪公司除外）	外国保险机构不得从事法定保险业务（第三方汽车责任保险业务除外）
与健康相关的服务与社会服务	养老服务	允许设立外商独资的营利性养老机构	不作承诺

资料来源：笔者根据RCEP附件二《中国服务具体承诺表》整理制作。

5）知识产权、电子商务、竞争、中小企业等其他规则

随着养老产业逐渐向智慧化、数字化转变，其适用的RCEP规则范围也相应拓展。其中，RCEP知识产权规则为商标、专利等众多知识产权领域提供保障，有利于中日养老技术和知识的交流，提升深度合作的可能性。RCEP电子商务规则对电子信息的传输、保护和监管等层面进行规定，是中日养老企业开展数字合作的重要依据。RCEP竞争和中小企业规则凸显合作的重要性，在打造良好养老市场竞争环境、帮助中小企业成长中起到重要作用。

3.4.3　利用RCEP规则促进中日养老合作

RCEP规则实现了多方面的新突破，东北应抢抓RCEP生效实施的重大契机，引导政府和企业利用好市场开放承诺和各项规则，更好把握养老合作机遇。

1）以货物贸易规则推动东北养老护理产品优化升级

日本养老护理产品功能齐全、技术先进，也是东北进口药品、康复器具等养老护理产品的重要来源，但因价格高昂等因素，对大连企业进口和老年人应用造成一定阻碍。RCEP下中日之间实现优惠税率，可以有效节约贸易成本并提升贸易效率，促进大连与日本养老护理产品贸易往来。大连可以依托RCEP增加对日本的全类别产品进口，满足老年人衣食住行等全方位需求；降低企业进口日本优质养老护理产品的成本，降低老年人使用日本产品资金门槛；特别是可以引入智慧养老产品弥补东北高端市场的空缺，倒逼本土养老企业研发升级，带来养老护理产品优化升级新契机。同时，东北养老企业也可以开拓RCEP新市场，努力推动"东北制造"走出去。另外，东北企业在RCEP海关程序和贸易便利化规则下，可以更好利用大连港、营口港等港口以及中日AEO互认安排、东北亚国际航运中心等政策红利，提升通关效率、压缩通关成本，为养老企业提供更快捷、更便利、更便宜的货物通关服务。

2）以原产地规则推动东北养老产业链优化完善

目前，东北地区的养老产业链并不完善，养老护理产品制造企业数量少、竞争优势不显。东北养老企业可以结合RCEP原产地规则，在RCEP成员国中拓展供应商和渠道，依托区域累积规则灵活采购原材料和中间产品，便利安排生产分工环节，优化资源配置。此外，辽宁省大连市已实现RCEP主要港口全覆盖，并在RCEP原产地证书认定方面予以便利化措施，可以借机成为中国面向RCEP养老护理产品贸易的重要枢纽，吸引养老护理产品制造业企业落户。特别是辽宁可以依托区位优势，发挥在对日本开放合作中的前沿作用，承接日本养老企业的关键生产环节，带来先进技术和经验，推动完善东北养老产业链，赋能银发经济发展。

3）以服务贸易和投资规则推动东北养老服务高质量发展

日本养老服务体系健全，特别是在认知症照护、康复护理服务方面具有优势。中国在RCEP中拓宽养老服务准入，允许外国服务提供者设立营利性养老机构且未设置外资持股比例上限，有利于提升日本企业布局中国以及大连养老市场的积极性。同时，东北养老企业也可以从其他服务入手汲取日本经验，一是通过医疗和牙医服务引进日本先进医疗技术，为老年人的身体健康提供更多治疗措施；二是以教育服务的形式在东北开展日本医疗介护及企业管理经验培训，培育更多养老专业化人才；三是通过日本金融服务提供寿险、健康险和养老金/年金险等保险，为东北老年人提供更加多样的投保选择和资金保障，并将日本介护保险制度经验引入东北，优化东北养老服务供给。另外，辽宁可以利用好RCEP（大连）国际商务区这一平台，将RCEP规则与大连养老产业政策相搭配，优化辽宁养老产业营商环境，进一步激发日本的投资意向，加快引进来步伐，同时形成可复制推广的经验，带动东北其他省区养老产业的发展。

4）以自然人临时移动规则推动东北养老人才提质扩容

中国和日本在RCEP自然人临时移动规则中设立较为开放的人员流动条

款，将使区域内的人员派遣、工作调动等跨国流动行为变得更加高效便捷。一方面，有利于日本养老服务提供者及专家学者进入东北，输入养老领域专业人才，满足养老服务供给并传授相关经验；另一方面，东北养老从业人员赴日本学习交流、进行长期护理培训的门槛也将降低，有效拓宽获取外部养老经验的途径。此外，中日可以依托RCEP更高效地处理签证手续，享受跨境便利，进一步助推养老从业人员的贸易投资活动。

5）以其他规则推动东北养老合作新业态发展

随着养老产业逐渐向智慧化、数字化转型，其适用的规则范围也向知识产权、电子商务等领域拓展。首先，养老领域国际竞争力的形成离不开技术的支撑。RCEP知识产权规则有助于东北与日本进行知识产权交易，加强技术交流和研发合作。东北可以在引进日本先进养老成果基础上，吸纳其优势再加以创新转化，提升自身竞争力进而带动养老产业转型升级。其次，东北可以借助RCEP电子商务规则降低跨境电商交易风险和成本，推动与日本养老企业线上洽谈合作与业务对接。双方可以就养老服务软件等领域拓展合作，共享老年人需求信息等数据，共建安全可靠的数字化养老平台，打造"互联网+养老"、智慧养老应用新场景。此外，东北养老企业在与日本合作中可以利用RCEP竞争规则化解缓和矛盾，维护公平竞争的良好市场环境，保障企业合法权益。中小型养老企业可以借助RCEP中小企业规则搭建开放访问的信息平台，充分对接所需的信息和机会，共享合作红利。

3.5 本章小结

本章介绍了RCEP及其规则，同时对于中国东北经济现状予以刻画。在此基础上分析中国东北三省一区与RCEP成员国的经贸合作现状，并以养老规则为例分析RCEP规则在中国东北的应用。结合RCEP规模与东北经济发展现状，阐明RCEP对于中国东北经济发展的重要性。

第一，RCEP具有全面性、先进性、包容性、互惠性四大特征，且覆盖诸多议题，是中国当前规模最大、规则水平最高的贸易协定，其生效实现对于中国经济发展具有重要意义。RCEP规则条款可分为货物贸易规则、服务贸易规则、其他规则三类，其规则应用可成为中国与RCEP经贸合作的新契机。

第二，中国东北的经济虽然保持增长趋势，但在全国来看仍相对滞后，且各区域经济发展不平衡，经济发展存在一定桎梏。中国东北三省一区积极参与贸易和投资，以对外开放赋能经济增长，其中，辽宁作为东北开放前沿，经贸合作水平最高。东北振兴战略实施后，东北经济有了长足发展，特别是RCEP背景下，东北经贸发展将迎来新的机遇与挑战，亟须政府和企业积极应对。

第三，中国东北与RCEP成员国经贸合作紧密。从贸易来看，中国东北三省一区与东盟、澳大利亚、新西兰、日本、韩国等RCEP成员国贸易往来密切，基于比较优势实现互利共赢。从投资来看，东北三省一区与RCEP成员国投资合作也较为频繁，其中日本、韩国以及东盟成员新加坡是主要外资来源地。

第四，中国东北人口老龄化问题严峻，养老产业发展将是其现在以及未来面临的长期问题。RCEP生效后，对于中国东北的养老产业发展也带来一定机遇。梳理RCEP养老相关规则，以日本为例探讨RCEP规则在东北地区的应用，提出利用RCEP规则促进东北对日养老合作的路径，为东北养老产业以及银发经济发展提供借鉴。

4

东北亚四国对中国东北经济的重要性

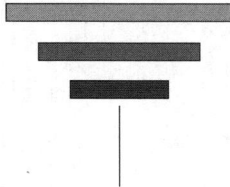

4.1 中国东北与东北亚四国经贸合作现状及特征

4.1.1 贸易合作现状及特征

近年来，中国与东北亚四国的货物贸易蓬勃发展，从2013年的6 818亿美元上升至2022年的9 189亿美元，与四国的贸易额占中国对外贸易总额的14.7%，由此可见，中国与东北亚四国贸易往来密切，维持并扩大与该四国贸易对中国贸易的稳定增长十分重要。基于地缘优势和人文条件，东北三省一区是中国面向东北亚区域扩大贸易的重要窗口，东北三省一区与东北亚四国进出口现状有以下方面特点。

第一，货物贸易进出口额增长稳定，韧性韧劲持续增强。东北三省一区与东北亚四国的货物贸易规模稳步提升。如图4-1所示，2013—2022年，除个别年份出现小幅下滑外，东北三省一区与东北亚四国的贸易额总体呈不断扩大态势，累计贸易额超过5 700亿美元。10年间东北三省一区与东北亚四国的外贸总额从616.7亿美元上升至726.6亿美元，增长18%。分阶段来看，2013—2014年，东北三省一区与东北亚四国的外贸总额呈现上升态势。2015年受新兴市场需求低迷、大宗商品暴跌等因素影响，东北三省一区与东北亚四国的外贸总额出现小幅下滑，直至2017年才有所回升，与中国总体贸易趋势类似。2020年受疫情冲击影响，世界经济深度衰退，国际贸易和投资大幅萎缩，东北三省一区与东北亚四国外贸总额呈现大幅度下滑，但此后恢复势头良好。2021年东北三省一区与东北亚四国进出口总额同比增长32%，与东北亚四国货物贸易总额达到618.9亿美元。2022年东北三省一区与东北亚四国外贸总额首次突破700亿美元，创10年来新高。

单位：亿美元　　　　　　　　　　　　　　　　　　　　　单位：%

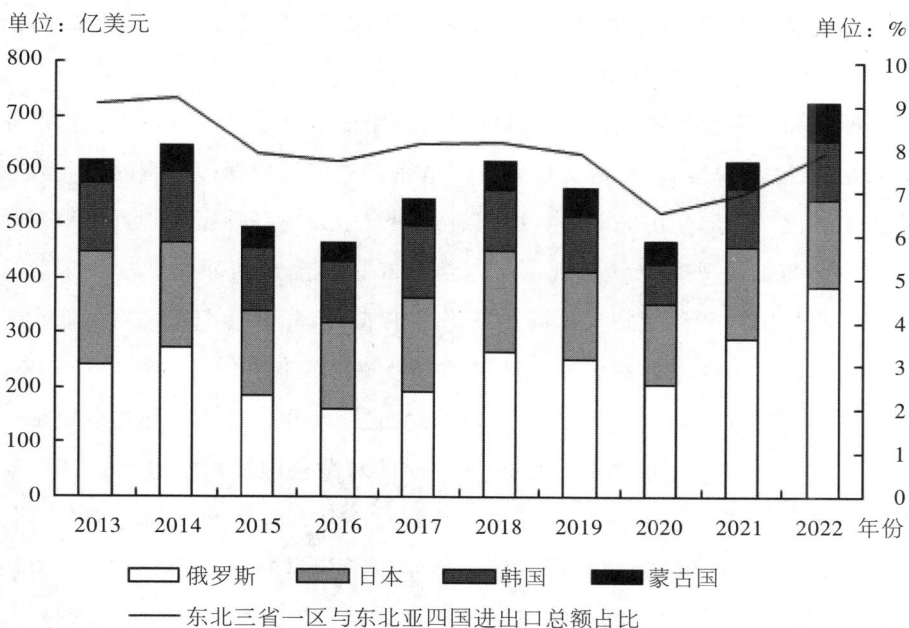

图 4-1　东北三省一区对东北亚四国贸易总额及占比（2013—2022 年）

注：占比表示东北三省一区与东北亚四国进出口总额占中国与其进出口总额的比重。

数据来源：笔者基于 EPS 中国地区贸易数据库整理制作。

第二，东北三省一区与东北亚四国贸易伙伴关系紧密，俄罗斯居首要地位。历史渊源和区位优势促进了双边贸易增长。从东北亚四国与东北三省一区贸易规模看，在东北亚四国中，东北三省一区对俄罗斯和日本贸易额最高。首先是俄罗斯，近年来中俄加强经贸合作，中国经济增长引致对俄罗斯石油、天然气等初级贸易品的旺盛需求。2013 年后俄罗斯始终是东北三省一区在东北亚最大的贸易伙伴，2022 年东北三省一区与俄罗斯外贸总额高达 385.7 亿美元，是 2013 年的 1.5 倍，2022 年东北三省一区对俄罗斯外贸总额占东北三省一区对东北亚四国外贸总额的 53.1%。其次是日本，在日本"雁阵经济"产业格局和东亚产业分工体系的影响下，东北三省一区与日本贸易额在东北亚四国中始终保持较高水平，但受近年来中日关系波动的影

响，东北三省一区与日本贸易额从 2013 年的 206.4 亿美元下降至 2022 年的
161.3 亿美元，降幅为 21.8%。

韩国和蒙古国与东北三省一区的贸易额略低于日俄，一直以来，以产业
结构互补性为基础的中韩两国经贸合作紧密。中国长期保持韩国的第一大贸
易伙伴国位置，但受中美关系、中国制造业竞争力提高等影响，近年来东北
三省一区与韩国外贸总体呈现下降态势。2020 年受疫情冲击影响，东北三
省一区与韩国外贸总额较上年同比下降了 27.5%，降至近十年来的最低水平
73.5 亿美元，2021 年东北三省一区与韩国外贸总额有所回升，2022 年 RCEP
对韩国正式生效，将为东北三省一区与韩国进一步深化经贸合作提供更加广
阔的空间。在东北亚四国中，东北三省一区对蒙古国贸易额最低，2013 年
中国东北与蒙古国进出口总额为 41.4 亿美元，至 2022 年已大幅升至 71.5 亿
美元，10 年来贸易总额增长近两倍，但年均增长率的波动性较大。分阶段
来看，2013 年，中国与蒙古国签署《中蒙战略伙伴关系中长期发展纲要》，
明确了中蒙两国的战略伙伴关系，东北作为东北亚的中心地带，同蒙古国接
壤，与蒙古国的经贸合作更为密切。2013—2014 年，东北三省一区对蒙古
国双边贸易额呈增长态势，2015 年受新兴市场低迷，大宗商品暴跌等因素
影响，东北三省一区与蒙古国外贸总额出现大幅度下滑，直至 2017 年才有
所回升，与中国总体贸易趋势类似。2020 年受疫情影响，世界经济下滑，
国际贸易和投资大幅萎缩，东北三省一区与蒙古国外贸总额大幅度下降，同
比下降了 22 个百分点，随着中国复工复产加速推进，产业链供应链趋于修
复，东北三省一区与蒙古国进出口贸易额逐步回升，2022 年达到近 10 年以
来的最高值，增速高达 40%。整体来看，2021 年成为近年来东北地区与东
北亚四国的双边贸易额上升到新高度的转折点，表明随着中国、蒙古国、俄
罗斯及其他国家的区域合作不断深化，东北利用该契机增加与蒙古国、俄罗
斯等国家的贸易往来，并能够从区域合作中受益。中国东北三省一区对东北
亚四国贸易反映出各省的主要贸易对象受地理位置影响较大，距离相近的国

家更可能成为主要贸易对象国。

第三，东北地区内部各省区之间外贸发展存在较大差异。分省区来看，首先是辽宁，辽宁是东北三省一区面向东北亚扩大贸易的"领头雁"，凭借沿海区位优势以及近年来中国（辽宁）自贸试验区、大连保税区和沈阳保税区的有序建设，与东北亚四国贸易额超过其他三省区之和。在东北亚四国中，日本和韩国是辽宁重点经贸合作伙伴，2022年辽宁对日韩两国外贸总额占全省外贸总额的比重超过1/4，究其原因在于辽宁南邻黄海、渤海，与日韩两国隔海相望，兼具地理优势与历史优势。其中，大连作为辽宁的港口城市，是重要的国际航运中心、国际物流中心、区域性金融中心，在辽宁与日韩的贸易中占据重要份额。相较于辽宁，其他省区尽管没有优越的港口资源，但也充分利用"一带一路"倡议契机和沿边陆路口岸优势发展同俄罗斯和蒙古国等的边境贸易。黑龙江对日韩贸易规模在三省一区中最小，特别对韩国进出口贸易总体呈逐年下降趋势，但与俄罗斯外贸总额却远高于其他三省，2022年黑龙江与俄罗斯外贸总额占中国东北三省一区与俄罗斯外贸总额的比重为71.9%。内蒙古地处内陆，与蒙古国拥有漫长的边境线，随着近年来中国扩大对蒙古国煤炭等初级产品的进口，内蒙古自治区已经成为中国东北三省一区中与蒙古国双边贸易最高的地区，与蒙古国贸易合作呈现出发展势头好、增长快和潜力大的特点，2013—2022年内蒙古与蒙古国外贸总额占中国东北与蒙古国外贸总额的平均比重为92%，体现了内蒙古在中国东北与蒙古国贸易往来中的优势地位。吉林对蒙古国外贸总额在四国中处于最下位，2013—2022年吉林与蒙古国外贸总额占吉林对东北亚四国外贸总额的比重不超过3%，吉林对日本贸易额最高，但近年来呈现下降态势，但对俄罗斯贸易额却不断上升，特别是2021年吉林与俄罗斯进出口贸易额激增，增速高达93.1%，2022年对俄贸易继续保持强势增势，达到25.79亿美元，显示出强大的韧性与潜力。

第四，东北三省一区与东北亚四国产业结构分工明确。由表4-1中2016

年东北三省一区与东北亚四国在五类技术水平贸易品中的比重可知，东北三省一区与东北亚四国贸易具有鲜明的产品结构分工，与双边经济发展水平相称。从总体贸易结构来看，东北三省一区向东北亚四国出口产品多为初级贸易品、低技术制成品和资源制成品；从东北亚四国进口产品兼顾中、高技术制成品和资源制成品，具有较大差异性。从各省区贸易结构来看，制造业基础雄厚的辽宁主要向经济发展水平较高的日本、韩国出口资源制成品和低技术制成品，进口中、高技术制成品。黑龙江从俄罗斯进口中超过半数为与石化相关的资源制成品，对俄罗斯出口则以低技术制成品为主。内蒙古自治区主要向蒙古国出口低技术制成品和资源制成品，从蒙古国进口初级贸易品和未被纳入分类的劳动密集型制品。通常，一国出口的中、高技术制成品比重越大，出口结构越高级，贸易发展质量越好。东北三省一区与东北亚区域的进出口产品结构在不同技术水平上呈现出梯度分布，这种梯度分布的贸易结构表明东北三省一区与东北亚区域在不同技术水平上具有贸易潜力。

表4-1　　　　　2016年东北三省一区与东北亚区域贸易结构　　　　单位：%

		东北三省一区		辽宁省		吉林省		黑龙江省		内蒙古自治区	
		出口	进口	出口	进口	出口	进口	出口	进口	出口	进口
日本	PP	19.5	3.7	14.5	6.6	38.3	1.1	10.2	4.9	14.9	2.4
	RB	31.5	6.6	15.2	21.0	20.0	1.9	59.1	0.9	31.9	2.6
	LT	25.4	7.5	37.1	16.6	18.8	4.3	18.0	8.3	27.6	0.6
	MT	13.3	36.8	18.7	24.7	13.7	68.3	5.7	49.0	15.2	5.1
	HT	6.2	43.1	10.2	25.2	6.2	22.7	5.5	36.7	2.9	87.7
	other	4.0	2.3	4.3	6.0	2.9	1.7	1.4	0.1	7.6	1.5
韩国	PP	16.0	10.7	15.2	5.9	32.3	8.6	12.5	23.0	3.9	5.3
	RB	30.7	25.7	21.3	58.6	30.5	7.9	57.5	25.7	13.6	10.4
	LT	34.1	11.3	38.4	11.1	17.0	27.2	15.4	6.5	65.6	0.4
	MT	9.7	20.3	14.9	16.9	7.9	38.3	4.9	19.9	11.0	6.1
	HT	5.6	29.6	7.4	6.7	5.1	15.5	8.6	21.7	1.5	74.4
	other	3.9	2.5	2.9	0.8	7.2	2.4	1.1	3.3	4.5	3.5

		东北三省一区		辽宁省		吉林省		黑龙江省		内蒙古自治区	
		出口	进口	出口	进口	出口	进口	出口	进口	出口	进口
俄罗斯	PP	15.8	22.3	13.4	27.8	9.3	51.8	13.5	7.7	26.7	1.8
	RB	12.1	43.3	22.8	4.7	6.1	30.1	4.6	56.2	15.1	82.3
	LT	40.8	0.0	35.6	0.0	38.4	0.0	52.1	0.0	37.1	0.0
	MT	16.0	3.6	22.6	0.4	19.1	0.1	13.2	7.1	9.0	6.9
	HT	5.3	0.1	3.2	0.1	14.7	0.2	2.3	0.0	0.9	0.0
	other	10.1	30.7	2.4	66.9	12.4	17.8	14.3	29.0	11.2	9.0
蒙古国	PP	8.7	40.7	7.3	15.0	4.3	100.0	14.3	3.9	9.0	43.9
	RB	30.8	21.6	35.8	85.0	39.5	—	10.5	—	37.3	1.2
	LT	10.6	0.1	9.0	—	0.0	—	3.3	—	30.0	0.3
	MT	31.4	0.0	10.5	—	40.3	—	58.4	—	16.5	0.0
	HT	12.1	0.0	20.1	0.0	15.8	—	11.6	—	1.1	—
	other	6.4	37.7	17.3	0.0	0.1	—	1.9	96.1	6.1	54.6

注："other"表示 PP、RB、LT、MT 和 LT 五类技术水平贸易品之外的其他产品。"–"表示没有贸易。

资料来源：根据2016年中国海关数据测算得到。受限于数据可获得性，目前只能获得最新的2016年中国海关数据评估东北三省一区与东北亚区域贸易结构。

4.1.2 投资合作现状及特征

如前所述，在东北亚四国中，日本和韩国是东北三省一区主要的投资来源国，其次是俄罗斯，对东北地区投资最少的是蒙古国，内蒙古是其主要投资对象。近年来，受国家政策调整、地缘政治形势变化等多重因素影响，东北亚国家对东北地区投资额逐渐减少。具体来看，辽宁凭借其独特的地理位置和政策支持，吸引东北亚四国外商直接投资在东北三省一区中名列前茅。2013年日韩两国对辽宁外商投资63.1亿美元，占辽宁实际利用外商投资额的21.7%，此后持续呈现下降态势，2020年受疫情冲击影响，日韩对辽宁外商投资额下降至近十年来的最低水平1.7亿美元，仅占辽宁实际利用外商投资总额的 6.6%，2021 年辽宁实际利用日韩外商投资额占辽宁实际利用外商投资总额的 30%，较往年已有大幅度提升。其次是黑龙江，除港澳台地区外，俄罗斯是在黑龙江新设企业数最多的国家，2021 年俄罗斯在黑龙江新设企业数为 13 家，但黑龙江吸引俄罗斯外商直接投资额占黑龙江引进外资总额的比重很低，2021 年俄罗斯对黑龙江直接投资额仅为 1 万美元，占全省外商直接投资总额的比重不到 1%。受地缘因素影响，韩国也是黑龙江外商直接投资的重要来源国，但韩国对黑龙江直接投资额波动幅度较大，2017 年韩国对黑龙江直接投资 0.5 亿美元，2018 年韩国对黑龙江直接投资额骤升至 2.4 亿美元，此后对黑龙江投资额连续两年呈现下滑趋势，尽管 2021 年韩国对黑龙江直接投资额回升至 292 万美元，但所占比重仍然偏低，仅占全省外商投资总额的 0.7%。再次是内蒙古，近年来，内蒙古与俄蒙两国政府建立起多层次对话磋商机制，不断完善各类合作平台，推动与俄蒙两国双向投资合作。截至 2023 年 5 月末，俄罗斯与蒙古国两国在内蒙古设立外商投资企业 39 家，投资总额达 1.3 亿美元，占全区外商投资企业的 4.9%[①]，体现其在中俄、中蒙开放合作中的重要作用。最后是吉林，长春市是吉林利用外资的主要支撑，根据吉林统计局数据可知，在东北亚四国中，日本是长春的主要资金来源国，2020 年日本对长春直接投资 0.3 亿美元，占全市实际直接利用外资额的 8.9%，成为第三大外资来源地。

---

① 数据来自中国人民银行内蒙古自治区分行网站，http://huhehaote.pbc.gov.cn/huhehaote/ 129784/4969882/index.html。

4.2　中国东北与东北亚贸易效率及贸易潜力分析

4.2.1　模型构建、变量说明及检验

对贸易效率 TE_{jt} 的测度，学术界一般采用数据包络分析法（Data Envelopment Analysis，以下简称 DEA）和随机前沿分析法（Stochastic Frontier Analysis，以下简称 SFA）。相较于 DEA，SFA 考虑了随机误差项的影响，不仅提高了计算贸易效率的准确性，且所求得的贸易效率具有动态可比性，因此本书采用随机前沿分析法对出口贸易效率进行衡量。SFA 最早用来反映有效投入与产出之间的配置关系，同时也可以对技术效率进行度量并对生产无效率问题进行细致分析。当存在贸易损失时，随机前沿思想可与引力模型相结合，模型构建如下：

$$T_{ijt} = f(X_{ijt}, \beta)\exp(\nu_{ijt})\exp(-u_{ijt}), \ (i = 1, 2, \cdots, N; \ t = 1, 2, \cdots, T) \tag{4-1}$$

$$T_{ijt}^* = f(X_{ijt}, \beta)\exp(\nu_{ijt}), \ (i = 1, 2, \cdots, N; \ t = 1, 2, \cdots, T) \tag{4-2}$$

$$u_{ijt} = \left\{\exp\left[-\eta(t - T)\right]\right\}\mu_{ij} \tag{4-3}$$

随机前沿分析的主要思想是将传统残差项分为随机扰动项和贸易非效率项。ν_{ijt} 是随机扰动项，u_{ijt} 是贸易非效率项，与 ν_{ijt} 相互独立。X_{ijt} 是地区各类生产要素禀赋水平，表示影响贸易量的自然因素，如国内生产总值、地理距离、劳动力、资本等；β 是技术参数变量；T_{ijt} 是实际贸易值，T_{ijt}^* 是贸易潜力，表示 i 国对 j 国在 t 时期的理想出口规模，即该地区由要素禀赋规模所决定的，不存在效率损失的理想条件下的最优贸易值。在公式（4-3）中，当 $\eta = 0$ 时，表示贸易非效率项不随时间的改变而改变，此时贸易引力模型为时不变模型；当 $\eta > 0$ 时，表示贸易非效率项随时间的推移呈递减趋势；当

$\eta < 0$时，表示贸易非效率项随时间的推移呈递增趋势。

在贸易潜力的基础上，引入贸易效率的概念，用TE_{ijt}表示贸易效率，其表达式为：

$$TE_{ijt} = \frac{T_{ijt}}{T_{ijt}^*} = \exp(-u_{ijt}) \tag{4-4}$$

将公式（4-1）两侧取对数，可得到如下对数表达式：

$$\ln T_{ijt} = \ln f(X_{ijt}, \ \beta) - u_{ijt} + v_{ijt}, \ u_{ijt} \geq 0 \tag{4-5}$$

为进一步分析贸易非效率项及其影响因素，Battese 和 Coelli 提出了随机前沿回归一步法，将贸易非效率项设定为：$u_{ijt} = \delta Z_{ijt} + \varepsilon_{ijt}$。其中，$Z_{ijt}$和$\delta$为贸易非效率项的影响因素及其待估参数向量；$\delta_{ijt}$为随机扰动项，将贸易非效率项表达式代入式（4-5），即可得到使用一步法估计的实际贸易额模型：

$$\ln T_{ijt} = \ln f(X_{ijt}, \ \beta) + (\delta Z_{ijt} + \varepsilon_{ijt}) - U_{ijt} + V_{ijt} \tag{4-6}$$

其中，$\delta Z_{ijt} + \varepsilon_{ijt} \geq 0$，在此基础上本书将引力模型的核心因素如经济规模、人口和距离等纳入模型，并将接壤、内陆国家和沿海省区等非人为因素纳入模型，构建如下随机前沿引力模型：

$$\ln TR_{ijt} = \beta_0 + \beta_1 \ln PGDP_{ij} + \beta_2 \ln POP_{it} + \beta_3 \ln GDP_{jt} + \beta_4 \ln POP_{jt} + \beta_5 \ln DIST_{ij} + \\ \beta_6 X + v_{ijt} - u_{ijt} \tag{4-7}$$

$$\ln u_{ijt} = FTA_{jt} + \ln GOV_{jt} + \ln FIN_{jt} + \ln RAIL_{ijt} + \ln NET_{jt} \tag{4-8}$$

其中，TR_{ijt}为中国i省区（i=1，2，3，4）向j国（j=1，2，3，4）t时期（t=2002，2003，…，2021）的进出口金额；$PGDP_{it}$和$PGDP_{jt}$分别为中国i省区和j国的人均国内生产总值，用以反映出口地区和进口国的经济发展水平、出口供给能力和进口需求水平；POP_{it}和POP_{jt}为中国i省区和j国人口数量，是进出口地区市场规模的代理变量；$DIST_{ij}$为i省区与贸易对象国首都（主要城市）之间的直线距离①，反映贸易双方的运输成本和贸易阻力；向量X

---

① 俄罗斯主要以远东及西伯利亚地区为主体参与东北亚区域合作，故本书参考李天籽（2014）选用俄罗斯远东地区的主要城市符拉迪沃斯克衡量中国东北各省区与俄罗斯的直线距离。

中尝试加入 i 省区与 j 国是否接壤（$CONT_{ij}$），接壤为 1，反之为 0；j 国是否为内陆国家（$LAND_j$），内陆国家为 1，反之为 0；i 省区是否为沿海省区（SEA_i），沿海省区为 1，反之为 0 等短时间不变但可能影响贸易的非人为因素，这些变量将通过似然比检验评估是否引入；v_{ijt} 是随机扰动项，u_{ijt} 是贸易非效率项。贸易非效率项（u_{ijt}）将自由贸易协定（FTA_{jt}），中国与 j 国在 t 时期签署生效协定，则 t 时期及之后的 FTA_{jt} 为 1，反之为 0；政府效率（GOV_{jt}），用 j 国与中国政府效率的比值表示，数值越高说明 j 国政府较中国政府对贸易政策的执行能力越强；金融发展（FIN_{jt}），表示 j 国的金融自由水平，用 j 国与中国金融自由水平的比值表示，数值越高说明该国金融市场越有效率；陆路基础设施建设（$RAIL_{ijt}$），用 i 省区和 j 国 t 时期铁路线路里程的乘积表示，里程越高说明陆路基础设施建设越完备；固定宽带互联网用户（NET_{jt}），用 j 国与中国固定宽带互联网用户的比值表示，数值越高说明 j 国互联网的普及度越高。其中个别变量存在少量的数据缺失，本书使用插值法处理。最后，将虚拟变量之外的变量进行自然对数处理，以克服序列相关和异方差问题。

随机前沿引力模型高度依赖模型的函数形式设定，故在进行贸易效率和贸易潜力估计前采用似然比检验确定函数形式尤为重要。首先，检验模型中是否存在贸易非效率项。似然比统计量为 233.82，显著大于 1% 的临界值 12.48，说明模型存在贸易非效率项，随机前沿引力模型适用。其次，检验贸易非效率项是否随时间变化。似然比检验结果在 1% 的显著性水平上拒绝了 $\eta = 0$ 的原假设，即该模型具有时变性。最后，检验是否引入接壤、内陆国家和沿海省区等虚拟变量。依次引入 3 个变量的似然比统计量分别为 161.65、61.68、17.60，均显著大于 1% 的临界值 10.50。说明引入接壤、内陆国家和沿海省区等虚拟变量符合模型设定。

4.2.2　模型估计结果

在模型检验后，本书对 2002—2021 年中国东北与东北亚四国的贸易数据进行随机前沿引力模型估计。为比较结果的稳健性，表 4-2 同时揭示了 OLS 模型、非时变模型和时变模型的估计结果。

在随机前沿模型中，$\gamma = u^2/(u^2 + v^2)$ 衡量了人为因素对贸易潜力的影响程度。在时变模型的结果中，γ 的系数为 0.912，表明人为因素是导致中国东北与东北亚四国贸易未实现贸易潜力的主要因素，随机扰动项的影响较小，从而进一步验证了随机前沿引力模型较 OLS 模型更合理。时变模型的结果显示，η 在 1% 的水平下显著，说明时变模型的设定较非时变模型更加适用。

由表 4-2 列（3）时变模型结果可知：（1）$\ln PGDP_{it}$ 和 $\ln PGDP_{jt}$ 的系数分别为 0.243 和 1.678 且均在 1% 水平上显著，表明中国东北经济发展水平越高越能促进贸易发展，东北亚四国经济发展水平提高对贸易的促进效果更加显著。（2）$\ln POP_{it}$ 和 $\ln POP_{jt}$ 的系数同样为正且均在 1% 的水平上显著，这表明中国东北人口规模增长 1%，中国东北与东北亚四国贸易额将增长 1.691%；东北亚区域人口规模增长 1%，则该四国与中国东北贸易额会增长 1.493%。（3）时变模型中距离变量 $\ln DIST_{ij}$ 在 5% 的显著水平上系数为 -0.297，表明随着距离的增加，运输成本将导致中国东北与东北亚四国之间的贸易额减少。（4）进一步考虑时变模型中的虚拟变量。接壤 $CONT_{ij}$ 和内陆国 $LAND_j$ 系数均至少在 5% 水平上显著为正，这表明贸易对象与中国沿边省区接壤，贸易对象国为内陆国将显著促进中国东北与东北亚四国间的贸易额，这从黑龙江和内蒙古与俄罗斯和蒙古国的边境贸易中可以得到证据。黑龙江的绥芬河市和黑河市，内蒙古的满洲里市和二连浩特市分别是中国东北对俄罗斯和蒙古国开展贸易的主要内陆边境城市，中国与俄罗斯和蒙古国发达的跨国铁路运输系统促进了沿边省区与内陆贸易伙伴的贸易合作。（5）沿

海省区变量 SEA_i 在 1% 的水平上显著为正，这表明辽宁作为中国东北中唯一的沿海省区，依托航运的贸易成本优势有助于加强与日本和韩国等国的贸易往来。未来随着辽宁的大连港、锦州港和营口港实现合并重组，三大港口良性竞争有助于进一步释放面向东北亚区域扩大贸易的港口优势。

为确保研究的稳健性，表 4-2 的列（4）、列（5）和列（6）汇报了以中国 i 省区对 j 国出口额作为因变量的回归结果。列（6）时变模型的回归结果与前述结果基本一致，仅在 $LAND_j$ 中存在差异。$LAND_j$ 的系数为负并在 1% 的水平上显著，这主要是由于中国东北与内陆国家蒙古国的贸易以进口为主，中国向东北亚区域沿海国家的出口额显著高于内陆国家。

表4-2　　　　　　　　随机前沿引力模型估计结果（N=320）

变量	进出口总额			出口额		
	（1）	（2）	（3）	（4）	（5）	（6）
	OLS模型	非时变模型	时变模型	OLS模型	非时变模型	时变模型
$\ln PGDP_{it}$	0.200** (2.581)	0.137* (1.944)	0.243*** (3.955)	0.133 (1.507)	−0.375*** (−3.279)	0.159* (1.747)
$\ln POP_{it}$	1.691*** (4.029)	1.010 (1.602)	1.691*** (6.359)	2.122*** (4.911)	14.462*** (3.332)	3.032*** (9.314)
$\ln PGDP_{jt}$	1.685*** (4.178)	1.152** (2.038)	1.678*** (6.630)	2.057*** (5.034)	16.019*** (4.889)	2.836*** (7.147)
$\ln POP_{jt}$	1.600*** (11.601)	1.598*** (9.007)	1.493*** (18.314)	2.110*** (14.443)	3.564*** (12.107)	1.784*** (8.256)
$\ln DIST_{ij}$	−0.644*** (−3.438)	0.384 (1.217)	−0.297** (−2.329)	−0.927*** (−5.194)	−4.298*** (−6.960)	−1.023*** (−5.348)
$CONT_{ij}$	3.655*** (15.453)	2.813*** (7.814)	2.570*** (15.490)	2.861*** (11.621)	7.445*** (8.020)	2.895*** (14.431)

续表

变量	进出口总额			出口额		
	（1）	（2）	（3）	（4）	（5）	（6）
	OLS模型	非时变模型	时变模型	OLS模型	非时变模型	时变模型
$LAND_j$	−0.654***	0.243	0.298**	−0.941***	−4.496***	−1.031***
	（−3.577）	（0.959）	（2.438）	（−5.572）	（−8.072）	（−5.344）
SEA_i	1.750***	1.559***	1.117***	1.393***	0.592	0.811***
	（8.221）	（5.518）	（7.732）	（5.996）	（0.371）	（3.569）
σ^2		6.737	2.711*		8.556	4.230***
		（0.946）	（1.833）		（0.754）	（3.153）
γ		0.999	0.912***		0.999	0.954***
		（1.109）	（3.880）		（0.870）	（6.041）
η			−0.049***			−0.021***
			（−8.481）			（−4.774）
对数似然值	−397.131	−273.461	−369.443	−400.055	−262.696	−397.879

注：***、**和*分别表示在1%、5%和10%的水平下显著，括号内为t值，下同。

根据式（4-5）采用一步法探讨东北与东北亚四国贸易非效率项的影响因素，回归结果如表4-3所示。由表4-3可知，FTA_{jt}与贸易非效率项系数为负但不显著，这可能是由于中国只与韩国在2015年签署了双边自由贸易协定，且2016年后中韩经贸关系受"萨德事件"影响抵消了双边自由贸易协定的效果。$\ln GOV_{jt}$对贸易非效率项在1%的水平上显著为负，说明加强政策执行能力、降低行政管理壁垒有助于改善营商环境，并提升双边贸易效率。FIN_{jt}与贸易非效率项的系数不显著，说明金融服务对贸易的促进作用不明显。随着东北亚区域经贸合作的深化，区域内各国应在健全金融市场的同时注重金融安全，为贸易发展保驾护航。$\ln RAIL_{ijt}$和$\ln NET_{jt}$对贸易非效率项的影响均显著为负，表明中国东北和东北亚四国良好的陆路交通、电讯等基础设施有利于降低双边贸易成本和提高贸易效率。

表4-3 贸易非效率模型估计结果

随机前沿模型		贸易非效率项	
$\ln PGDP_{it}$	5.676*** (33.378)	FTA_{jt}	24.107 (0.077)
$\ln POP_{it}$	−0.049 (−0.891)	$\ln GOV_{jt}$	−6.447*** (−12.449)
$\ln PGDP_{jt}$	2.435*** (16.896)	$\ln FIN_{jt}$	7.848 (0.443)
$\ln POP_{jt}$	1.898*** (35.773)	$\ln RAIL_{ijt}$	−3.236*** (−13.174)
$\ln DIST_{ij}$	−2.420*** (−23.533)	$\ln NET_{jt}$	−6.421*** (−17.058)
$CONT_{ij}$	5.842*** (26.235)	N	320
$LAND_{j}$	−6.985*** (−18.512)	对数似然值	−152.478
SEA_{i}	3.339*** (14.589)		

4.2.3 贸易效率和贸易潜力的估计

本书通过时变随机前沿引力模型获得中国东北与东北亚四国贸易效率的估计值（TE_{ijt}），时间跨度为2002—2021年。$TE_{ijt} \in (0, 1]$，数值越高表示贸易效率越高，反之，表示贸易效率越低，测算结果表明：从贸易效率均值看，2002—2021年间东北亚四国贸易效率均值从大到小依次为日本、韩国、俄罗斯和蒙古国，与各国经济发展水平一致；中国东北贸易效率均值从大到小依次为辽宁、内蒙古、黑龙江和吉林。从贸易效率变化趋势看，东北亚四国与中国东北的贸易效率在2007年左右达到顶峰，随后贸易效率均出现不同程度的下降。与东北亚四国一致，金融危机后中国东北的贸易效率也出现不同程度的下落。这反映出金融危机后全球需求萎靡和经济结构调整对东北亚四国贸易效率产生负向冲击，也说明区域经济合作的重要性。

  表4-4显示了2021年中国东北与东北亚四国贸易效率的估计值和实际进出口额。较低的贸易效率和较大的进出口额意味着较大的可扩展贸易潜力（可拓展贸易潜力=实际进出口额/贸易效率-实际进出口额），反之说明可扩展贸易潜力有限。从东北亚三省一区来看，根据2021年实际进出口额可知，辽宁、内蒙古和黑龙江与东北亚四国的可扩展贸易潜力较大，分别为314.53亿美元、277.87亿美元和310.31亿美元，而吉林与东北亚四国的可扩展贸易潜力仅为167.19亿美元。从东北亚四国看，与中国东北可扩展贸易潜力从大到小依次是俄罗斯、韩国、日本和蒙古国，其中同俄罗斯的可扩展贸易潜力高达394.94亿美元。具体来看，2021年辽宁与日本、韩国和俄罗斯的贸易效率较高，且由于实际进出口额较高，因此仍体现出一定的可扩展贸易潜力。相较于辽宁，吉林与日本和韩国的贸易效率相当，但由于实际进出口额较低，可扩展贸易潜力有限。黑龙江与俄罗斯和蒙古国的贸易效率较高，这得益于边境接壤的区位优势和较大的实际进出口额，其中，黑龙江对俄罗斯的贸易潜力巨大。

表4-4   2021年中国东北与东北亚四国的贸易效率和进出口额

省区	国家	贸易效率	进出口额（亿美元）	省区	国家	贸易效率	进出口额（亿美元）
辽宁	日本	0.663	143.27	黑龙江	日本	0.102	4.73
	韩国	0.298	88.36		韩国	0.124	3.63
	俄罗斯	0.679	44.41		俄罗斯	0.492	203.27
	蒙古国	0.057	0.76		蒙古国	0.425	0.55
吉林	日本	0.379	16.48	内蒙古	日本	0.508	4.47
	韩国	0.409	8.78		韩国	0.564	7.47
	俄罗斯	0.132	16.27		俄罗斯	0.099	26.71
	蒙古国	0.061	1.33		蒙古国	0.459	48.43

  数据来源：贸易效率为笔者根据随机前沿引力模型测算得到，进出口额来自EPS中国地区贸易数据库。

4.3 本章小结

本章主要研究了东北亚四国对中国东北经济的重要性。本章首先从贸易规模、贸易结构和实际利用外资等多角度分析了东北三省一区与东北亚四国经贸合作特征，在此基础上通过随机前沿引力模型考察了中国东北对东北亚四国对外贸易的影响因素，并进一步测算东北三省一区与东北亚四国的贸易增长潜力。

从东北三省一区与东北亚四国经贸合作现状及特征来看，首先是贸易规模，东北三省一区与东北亚区域的贸易规模受历史因素和地缘政治的影响，日本和俄罗斯与东北三省一区贸易规模最大，韩国位于中间水平，而蒙古国与东北三省一区贸易规模长期处于较低水平。从中国东北区域内部来看，东北三省一区与东北亚四国外贸发展存在较大差异，辽宁是东北三省一区面向东北亚区域开展贸易的出海口和"领头雁"，贸易规模远超其他省区，其中日本和韩国是辽宁重点经贸合作伙伴。近年来，在共建"一带一路"倡议的推进下，其他三省区利用沿边陆路口岸优势扩展了同俄罗斯和蒙古国的边境贸易。从贸易结构来看，东北三省一区与东北亚四国贸易具有鲜明的产品结构分工，与东北亚国家在不同技术水平上呈现梯度分布，体现了东北三省一区与东北亚四国经济互补性强，产业融合度较高，未来具有巨大的合作潜力和空间。

从投资合作看，在东北亚四国中，日本和韩国是中国东北的重要外资来源国，然而，受国家政策调整、地缘政治形势变化等多重因素影响，东北亚国家对中国东北投资额逐渐减少，这说明相对于中国东北与东北亚国家之间的经济互补性和广阔的合作空间，中国东北对东北亚国家开放的投资合作潜力还远未释放，以辽宁为例，日韩两国对辽宁投资额近年来持续走低，

2013—2022年下降了84.9%。

进一步地，本书在分析了东北三省一区与东北亚四国贸易往来及特征的基础上，通过利用时变随机前沿引力模型测算东北三省一区与东北亚四国贸易效率及贸易潜力，并对贸易非效率项的影响因素进行评估，得出以下结论：推进东北三省一区与东北亚四国经贸合作是打造对外开放新前沿，实现东北三省一区经济高质量发展的关键。目前，区域内人均地区生产总值、人口规模和沿海沿边的区位优势对该区域贸易具有显著的正向影响，而陆路交通、电讯等基础设施建设和政府效率是制约该区域贸易效率提升的重要因素。应重点关注中国东北深度融入东北亚区域合作问题，促进形成新一轮更高水平的对外开放，实现以国内大循环为主的国内国际双循环。

5

"RCEP+东北亚"下推进中国东北经济外循环

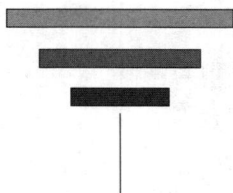

RCEP生效为推进中国东北与日韩经贸合作提供了重要机遇。对于东北亚来说，RCEP是中日以及日韩间的第一个自贸协定，顺应新形势新要求，中国东北更需要抓住RCEP协定实施的新机遇，深入推进与日韩等RCEP成员的经贸合作，积极参与东北亚、东亚和国际经济大循环，以对外开放合作为重要战略举措，打通中国东北与国内、国际经济双循环体系融合对接过程中的堵点，加快产业结构优化升级，开创中国东北振兴新局面，为国家构建"双循环"新发展格局作出重要贡献。

5.1 "RCEP+东北亚"经贸合作现状

"RCEP+东北亚"区域共包括东盟10国以及中国、日本、韩国、澳大利亚、新西兰、俄罗斯、蒙古国和朝鲜共18个国家，根据世界银行数据库最新数据计算可知，由于朝鲜数据缺失，以除朝鲜以外的17个国家为例，2022年"RCEP+东北亚"区域生产总值占全球31.5%，货物贸易国际市场占有率达32.3%（见图5-1），服务贸易国际市场占有率达14.5%（见图5-2），投资方面，中国、新加坡、日本、韩国等都是外商直接投资（FDI）及对外直接投资（OFDI）大国。可见"RCEP+东北亚"区域在全球经济中有举足轻重的地位，加强中国与"RCEP+东北亚"国家经贸合作对中国探寻"RCEP+东北亚"推进中国东北经济外循环的路径，使东北充分释放向东北亚开放潜能，深度融入全球化，实现东北经济高质量发展有重要的现实意义。

5.1.1 "RCEP+东北亚"贸易与投资现状

1）货物贸易

从货物贸易进出口规模来看，由图5-1可以看出，2013年以来，"RCEP+东北亚"区域货物贸易进出口规模呈波动上升趋势，且呈贸易顺差状态。

2022年"RCEP+东北亚"区域货物贸易出口额达80 422.1亿美元，进口规模68 777.5亿美元，货物贸易顺差达11 644.6亿美元。2013—2014年进出口总额由107 495.8亿美元增长到108 308.2亿美元。2015—2016年受全球经济增长放缓影响，国际贸易和投资疲弱，增长动力不足，"RCEP+东北亚"区域货物贸易进出口规模也受到影响，2016年区域进出口总额为90 096.6亿美元，其中出口额48 980.2亿美元，进口额4 116.4亿美元，均是观测期内最低水平。2017—2018年区域进出口规模随着经济形势好转而逐渐增加，至2018年达114 042.6亿美元。2019—2020年受新冠疫情影响，"RCEP+东北亚"区域货物贸易进出口规模再次小幅下降，2020年区域进出口规模降至106 939.3亿美元。2021年以来随着经济逐渐复苏，"RCEP+东北亚"区域货物贸易进出口规模显著上升，到2022年区域货物进出口总额达到149 199.6亿美元，其中出口80 422.1亿美元，进口68 777.5亿美元，均是2013年以来最高水平。

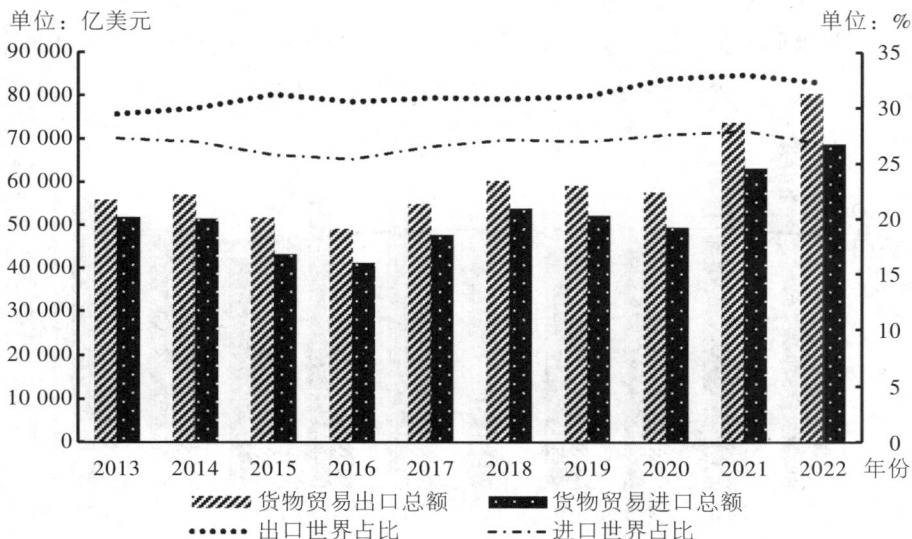

图5-1 "RCEP+东北亚"区域货物贸易进出口总额及世界占比（2013—2022年）

数据来源：笔者基于UNCTAD数据库数据整理得到。

从"RCEP+东北亚"区域货物进出口世界占比来看，由图5-1可知，出口方面，该区域货物出口世界占比较高，观测期内，该比重变化幅度不大，基本维持在30%左右；进口方面，区域货物进口世界占比一直以来稍低于出口世界占比，基本维持在27%左右。受疫情影响，2020年以来区域货物贸易进出口世界占比都小幅下滑，进口世界占比下滑幅度高于出口。进口世界占比由2019年的27.6%降至2022年26.8%，下降0.8个百分点；出口世界占比由2019年的32.6%降至2022年32.3%，下降0.3个百分点。

2）服务贸易

从服务贸易进出口规模来看，由图5-2可以看出，2013年以来，随着全球化进程的加速推进，"RCEP+东北亚"区域服务贸易进出口规模总体呈波动上升趋势。2022年"RCEP+东北亚"区域服务贸易出口额达10 354亿美元，服务贸易进口额达14 318.9亿美元，均是其2013年服务出口额和进口额的约1.3倍。与货物贸易情况相反，多年来，该区域服务贸易呈逆差状态，2022年"RCEP+东北亚"区域服务贸易逆差达3 965.0亿美元。2015—2016年受全球经济增长放缓影响，2020年以来受疫情影响，区域服务贸易进出口出现了两次小幅下滑情况。

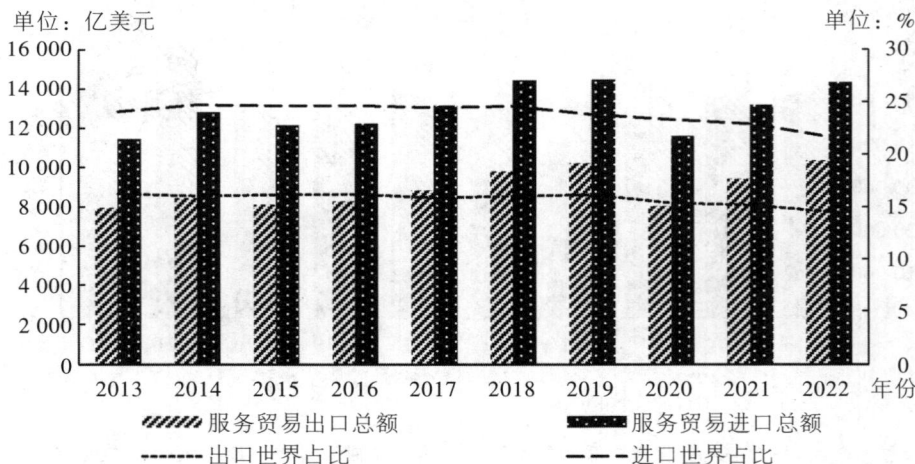

图5-2 "RCEP+东北亚"区域服务贸易进出口总额及世界占比（2013—2022年）

数据来源：笔者基于WTO数据库数据整理得到。

从服务进出口占世界比重来看，由图5-2可知，观测期内，"RCEP+东北亚"区域进口世界占比和出口世界占比都比较稳定，变化幅度不大。2020年以来受疫情影响，区域服务进出口世界占比都有小幅度下滑。进口方面，由2019年的23.8%降至2022年的21.7%，下降2.1个百分点；出口方面，由2019年的16.2%降至2022年的14.5%，下降1.7个百分点。可见，比起出口，区域进口受疫情等影响更大。

从服务业增加值占各国GDP比重来看，据世界银行数据库数据，鉴于2022年该比重世界均值数据缺失，以2021年数据为例，2021年服务业增加值占各国GDP的比重世界平均水平为63.9%，由图5-3可知，"RCEP+东北亚"区域只有新加坡和日本该占比超过世界平均水平，其余国家该占比还较低，可见该区域大部分国家服务业有较大提升空间，国家间服务贸易有较大合作潜力。

单位：%

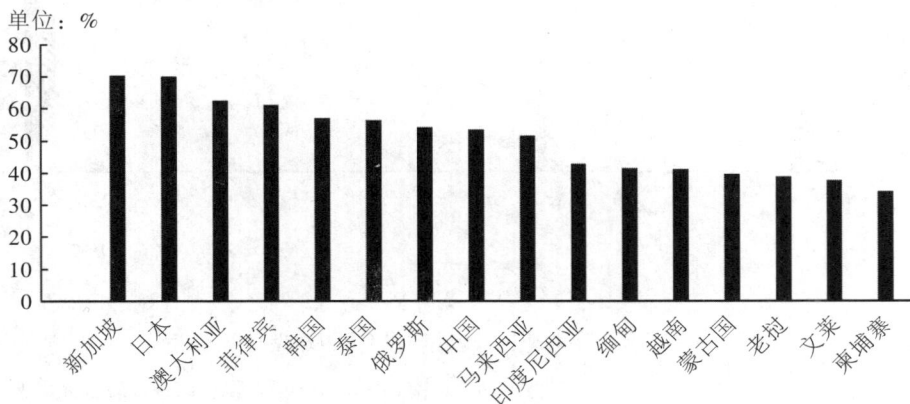

图5-3 "RCEP+东北亚"各国服务业增加值占其GDP比重（2021年）

注：其中新西兰和朝鲜该数据缺失。

数据来源：笔者基于世界银行公开数据库数据整理得到。

3）投资

"RCEP+东北亚"区域澳大利亚、印度尼西亚、日本、韩国、马来西亚、新加坡、泰国和中国FDI和OFDI规模都相对较大，文莱、柬埔寨、蒙古国、新西兰、菲律宾FDI和OFDI规模都相对较小。以国际货币基金组织数据库公布的各国FDI和OFDI最新数据为例，由图5-4可知，2022年中国FDI达35 691.5亿美元，在"RCEP+东北亚"区域国家中排名第一。新加坡FDI达21 409.9亿美元，区域国家中排名第二。澳大利亚FDI规模7 580.3亿美元，区域国家中排名第三；OFDI方面，以既有数据来看，中国、日本、韩国、澳大利亚OFDI规模较大，中国2022年OFDI规模达2 7548.1亿美元，区域排名第一。日本达19 485.6亿美元，区域国家中排名第二。澳大利亚和韩国分别为6 609.3亿美元和6 223.2亿美元，区域国家中分别排名第三和第四。

单位：亿美元

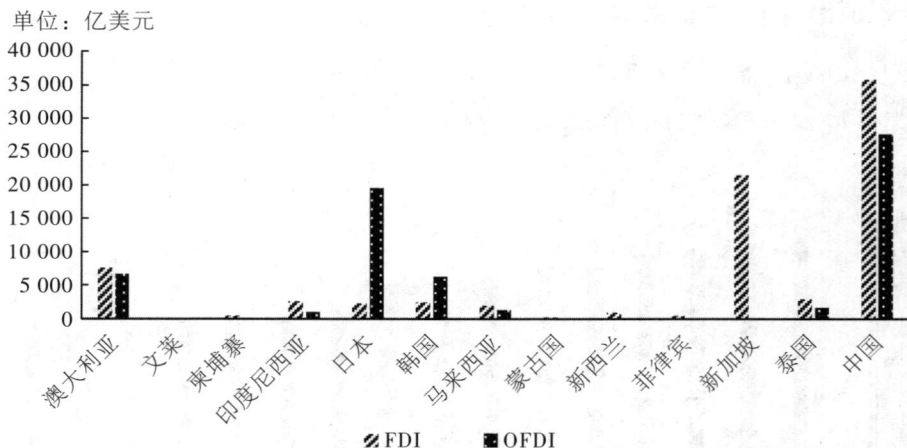

图5-4 "RCEP+东北亚"各国FDI及OFDI数据（2022年）

注：其中朝鲜、老挝、缅甸、俄罗斯、越南FDI及OFDI数据缺失，文莱、柬埔寨、蒙古国、新加坡OFDI数据缺失。

数据来源：笔者基于IMF数据库数据整理得到。

从区域内部来看，由于经济体制及经济发展阶段不同，"RCEP+东北亚"区域国家间贸易和投资发展水平差异较大，中国、日本、韩国、新加坡贸易和投资规模都相对较高，文莱、朝鲜、柬埔寨、蒙古国、缅甸贸易和投资规模相对来说都较小。以货物贸易进出口世界占比为例，由图5-5可知，2022

年中国货物出口世界占比高达14.4%，日本和韩国分别为3.0%和2.7%，新加坡占2.1%，而文莱、朝鲜、柬埔寨、蒙古国、缅甸、老挝占比还不足1%；2022年中国货物进口世界占比高达10.6%，日本和韩国分别为3.5%和2.8%，新加坡占1.9%，而文莱、朝鲜、老挝、蒙古国、缅甸占比依然不足1%。

单位：%

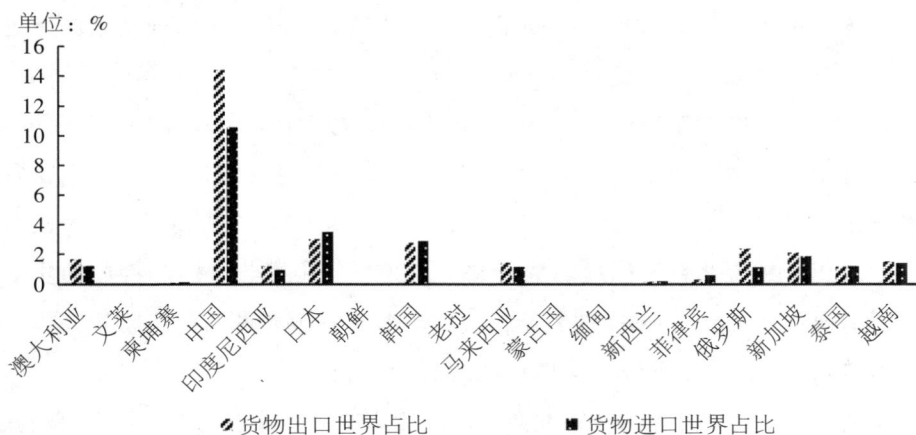

图5-5　"RCEP+东北亚"各国货物贸易进出口世界占比（2022年）

数据来源：笔者基于UNCTAD数据库数据整理得到。

5.1.2　中国与"RCEP+东北亚"贸易与投资合作现状

1）货物贸易

随着改革开放以来中国对外开放水平不断提高，由图5-6可知，中国与"RCEP+东北亚"区域货物贸易进出口规模呈显著上升趋势，并且多年来中国与该区域货物贸易呈逆差状态。2022年中国对该区域货物贸易进出口基本持平，是2013年来逆差规模最低值。2022年中国出口到"RCEP+东北亚"区域货物贸易总额为10 707.4亿美元，从"RCEP+东北亚"进口货物规模10 739.1亿美元，分别是2013年的1.8倍和1.5倍。其中2013—2014年中国与"RCEP+东北亚"区域进出口总额由12 808.8亿美元增长至13 430.4亿美元，增幅达 4.9%。2015—2016 年受全球经济增长放缓影响，中国与"RCEP+东北亚"区域货物贸易进出口规模有小幅下降，2016 年中国与该区域货物贸易进出口总额为 11 796 亿美元，是观测期内最低水平。总体来看，区域进口和出口变化趋势与进出口总额变化趋势相同，2016 年都受全球经济增长放缓影响有小幅下滑。2017 年以来中国对该区域总出口额一直呈增长趋势，中国从该区域进口额则呈波动上升趋势。2021 年中国从该区域进口额达 10 783 亿美元，是 2013 年以来进口最高水平。2022 年中国对该区域出口额达 10 707.4 亿美元，是 2013 年以来出口最高水平。东盟 10 国及日本、韩国是中国货物贸易的主要出口市场，2022 年中国与东盟 10 国的货物贸易进出口总额达 9 753.4 亿美元，中国出口到东盟 10 国的货物贸易占中国出口到"RCEP+东北亚"区域总额的 53%；2022 年中国与日本和韩国的货物贸易进出口总额达 7 197.1 亿美元，中国出口到日本和韩国的货物贸易占中国出口到"RCEP+东北亚"区域总额的 31.3%[①]。

从中国出口到"RCEP+东北亚"区域货物贸易额占中国货物总出口额比重来看，据图 5-6 可知，2013 年以来该比重呈小幅上升趋势，其中中国出口到东盟 10 国占中国货物贸易总出口额的比重与中国出口到"RCEP+东北亚"区域占中国货物贸易总出口额的比重变化趋势相同，均呈上升趋势，2020 年疫情影响下该比重都依然保持正增长。2021 年以来随着各国经济恢复，中国出口到东盟 10 国占中国货物贸易总出口额的比重与中国出口到"RCEP+东北亚"区域占中国货物贸易总出口额的比重显著上升。2022 年该区域比重为 29.8%，达到近些年来最高值，高于 2013 年 3.4 个百分点；2022 年东盟 10 国所占比重为 15.8%，高于 2013 年 4.8 个百分点。中国出口到日本和韩国的货物贸易规模则呈小幅下降趋势，2022 年中国出口到日韩的货物贸易额占中国贸易总出口额的比重为 9.3%，低于 2013 年 1.6 个百分点。可见，中国-东盟自由贸易区（China-ASEAN Free Trade Area，以下简称

---

① 笔者根据 UNCTAD（https：//unctad.org/statistics）数据计算得出。

CAFTA）的签订实施对中国与东盟经贸发展有极大助推作用。

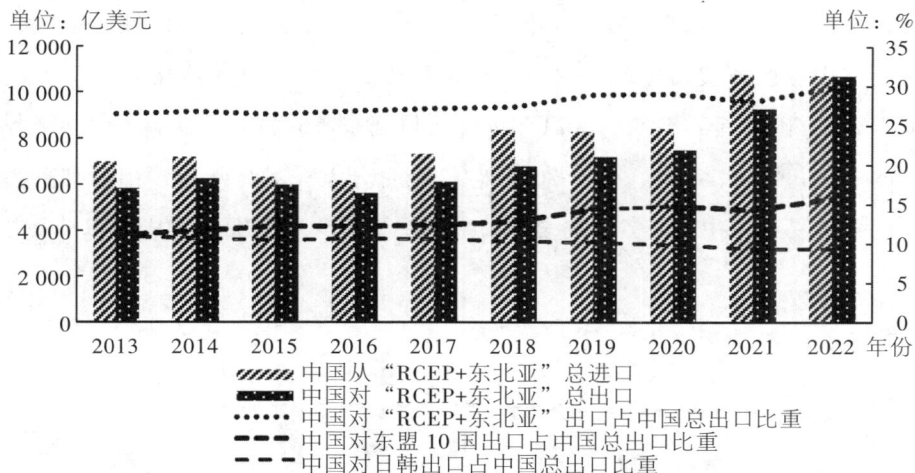

图5-6　中国与"RCEP+东北亚"货物进、出口额及对该区域出口

占中国货物贸易总出口比重（2013—2022年）

数据来源：笔者基于UNCTAD数据库数据整理得到。

2）服务贸易

由图5-7可知，观测期内，中国与"RCEP+东北亚"区域服务贸易进出口规模呈波动上升趋势，且历年来中国从"RCEP+东北亚"区域服务贸易进口规模大于中国对该区域服务出口规模。2021年中国出口到"RCEP+东北亚"区域17个国家的服务贸易总额达到667.8亿美元，从"RCEP+东北亚"区域17个国家的服务贸易进口总额达到833.9亿美元，分别是2013年的1.6倍和1.4倍，服务贸易逆差166.2亿美元，是2013年以来除了2020年以外最低的服务贸易逆差额。多年来，中国和东盟10国及日本、韩国服务贸易体量也较大，东盟10国及日本、韩国也是中国服务贸易的主要出口市场。随着2010年中国-东盟自由贸易区正式建立，中国与东盟服务贸易合作蓬勃发展，2013年以来中国出口到东盟的服务贸易规模均大于中国出口到日韩的服务贸易规模。且与货物贸易情况类似，近年来，中国与东盟10国服务贸易增速明显，中国与日本和韩国服务贸易规模呈下降趋势。从出口比重来看，2020 年以来受疫情影响，中国出口到"RCEP+东北亚"区域服务贸易规模占中国服务贸易总出口的比重有小幅度下降，2021 年该比重为 22.5%，低于 2019 年 2.1 个百分点；2021 年中国出口到东盟的服务贸易额占中国服务贸易总出口额的 12.5%，低于 2019 年 0.1 个百分点；2021 年中国出口到日韩的服务贸易额占中国服务贸易总出口额的比重为 9.5%，低于 2019 年 1.7 个百分点。

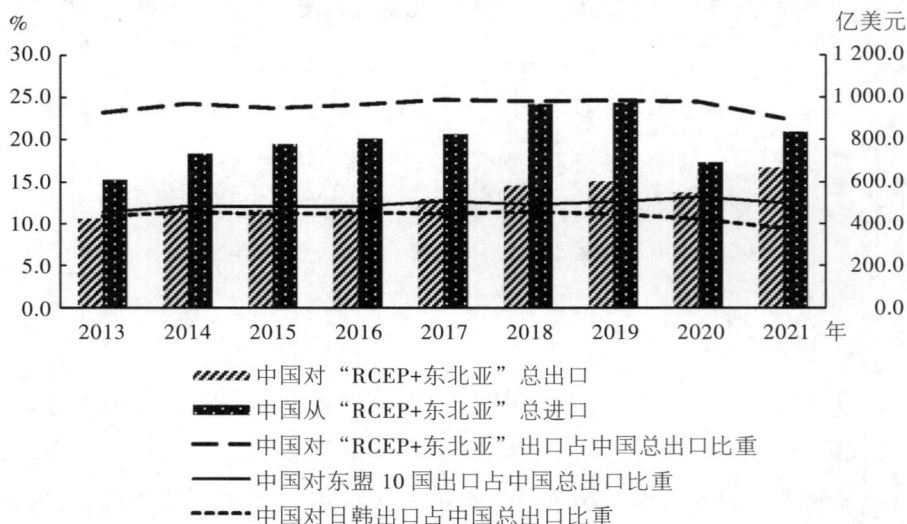

图 5-7   中国与"RCEP+东北亚"服务进出口额及中国对该区域服务出口

占中国服务贸易总出口比重（2013—2021 年）

数据来源：笔者基于 WTO 数据库数据整理得到。

3）投资

"RCEP+东北亚"区域的国家也是中国重要的外商投资来源国和对外投资目的国，以 IMF 数据库最新数据为例，由图 5-8 可知，2022 年日本、韩国和新加坡是中国在该区域主要的外商投资来源国。在中国对外直接投资中，澳大利亚、印度尼西亚和新加坡是中国在该区域主要的对外投资目的国。

2022年中国来自"RCEP+东北亚"17个国家的FDI达4 993.2亿美元，占中国FDI总额的14%。其中2022年中国前20大外商直接投资来源国中，属于"RCEP+东北亚"区域的国家有日本、新加坡、韩国和马来西亚，日本和新加坡分别排名第三和第四，韩国排名第七，马来西亚排名第十九。2022年中国对"RCEP+东北亚"区域投资额达2 164.2亿美元，占中国OFDI总额约8%。其中2022年中国前20大对外投资目的国家中，属于"RCEP+东北亚"区域的国家有新加坡、澳大利亚、印度尼西亚、马来西亚、越南、泰国和俄罗斯，新加坡和澳大利亚分别排名第五和第六，印度尼西亚排名第八，马来西亚排名第十五，越南排名第十七，泰国排名第十九，俄罗斯排名第二十。

单位：亿美元

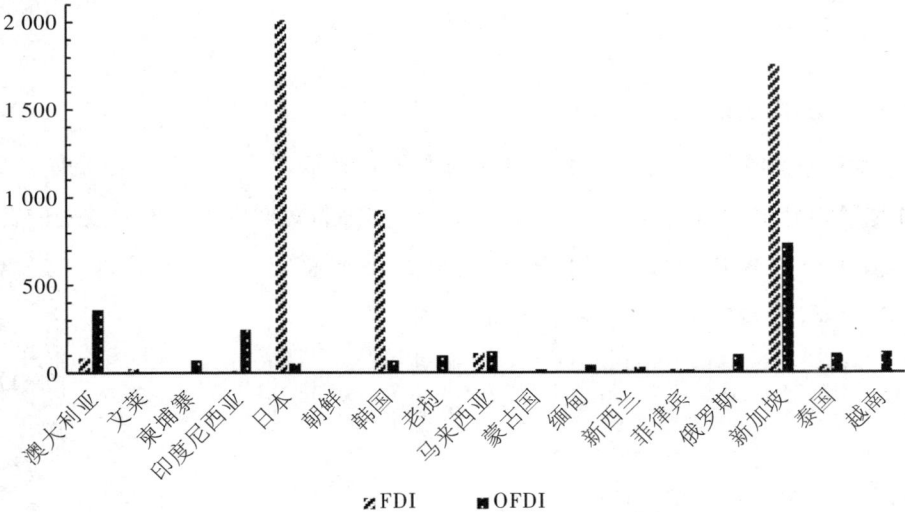

图5-8　中国与"RCEP+东北亚"国家FDI及OFDI情况（2022年）

数据来源：笔者基于IMF数据库数据整理得到。

总体来看，随着中国对外开放水平的持续提高，中国与"RCEP+东北亚"区域贸易与投资合作逐年加深，但国别合作差异显著。中国与日本、韩国、东盟10国贸易和投资合作规模都较大，尤其随着CAFTA签订实施，中国与东盟在贸易和投资领域的合作进一步深化；中国与日本和韩国在贸易和投资领域的合作近年来呈下降趋势，伴随着RCEP正式生效，给中日韩三方经贸合作带来了新机遇，尤其是中日韩三国地理位置邻近，经贸高度相互依存，产业链高度互补，三国间未来合作潜力巨大；中国与文莱、柬埔寨、朝鲜、老挝、蒙古国贸易和投资合作规模都相对较小，而文莱、柬埔寨、朝鲜、老挝、蒙古国都属于共建"一带一路"国家，随着中国共建"一带一路"倡议持续推进及沿线各国经济发展水平不断提升，未来中国与其在经贸合作领域有较大拓展空间。

5.2 东北亚国家对RCEP成员国出口贸易效率分析

5.2.1 模型构建

本书第4章已经对随机前沿分析法测度贸易效率的主要思想进行阐述，并推导得到随机前沿引力模型，即式4-5。本书将短期内不会发生改变的自然因素，如人口数量（POP）、人均国内生产总值（PGDP）、地理距离（DIST）等变量纳入模型，表达式如下：

$$\ln E_{ijt} = \beta_0 + \beta_1 \ln POP_{it} + \beta_2 \ln POP_{jt} + \beta_3 \ln PGDP_{it} + \beta_4 \ln PGDP_{jt} + \beta_5 \ln DIST_{ijt} - u_{ijt} + v_{ijt} \tag{5-1}$$

5.2.2 变量选取与数据说明

在公式（5-1）中，被解释变量 E_{ijt} 表示第 t 年东北亚国家与RCEP成员国 j 国之间的出口贸易额。解释变量可分为以下三组：

第一，人口数量（POP）：POP_{it} 和 POP_{jt} 分别表示 t 时期东北亚国家与RCEP成员国 j 的人口数。一国人口总量直接影响到地区生产力和经济发展水平。一般认为当一国人口规模较大时，意味着该国具有较强的生产能力和较高的消费需求，因而能够激发出更多的贸易需求。在以往文献中，曾出现解释变量与经验分析结果不一致的情况，即两国人口数对两国贸易的影响具有不确定性。本书假定其对两国贸易具有正向促进作用，预期符号为正。

第二，人均国内生产总值（PGDP）：$PGDP_{it}$和$PGDP_{jt}$分别表示t时期东北亚国家与RCEP成员国j的人均国内生产总值，用以反映两国的人均收入和购买力。一般认为当一国人均国内生产总值较大时，其出口供给能力和进口需求能力较为强势，因而其潜在的进出口能力越大，贸易流量越大。一般假定其对两国贸易具有正向促进作用，预期符号为正。

第三，地理距离（DIST）：$DIST_{ij}$代表东北亚国家与RCEP成员国j之间的地理距离。通常用经济中心或者首都城市间距离表示，以此反映两国距离产生的贸易成本。一般认为地理距离越远，贸易阻力越大，贸易流量越少。本书选择两国首都之间的距离作为地理距离的度量指标，预期其对两国贸易具有负向阻碍作用，预期符号为负。

本书关于东北亚国家的研究主要围绕中国与日本、韩国、俄罗斯和蒙古国东北亚四国展开。人口数量与人均国内生产总值数据来自世界银行WDI数据库，地理距离数据来自CEPII数据库。[①]

5.2.3　回归结果与分析

基于上文设定的模型函数形式，本书运用Frontier4.1软件对随机前沿引力模型做回归估计，判定基本核心变量对中国、东北亚四国与RCEP成员国贸易交流的影响程度，同时对其出口贸易效率进行测算分析。

1）似然比检验

囿于随机前沿方法高度依赖模型的函数形式，在运用随机前沿引力模型

[①]　基于数据可得性，本书分别选取中国、日本及韩国对RCEP其余14个成员国2013—2022年的相关数据、俄罗斯对RCEP15个成员国2012—2021年的相关数据、蒙古国对除缅甸、老挝、文莱外的 12 个 RCEP 成员国 2013—2021 年的相关数据进行分析。WDI 数据库：https://databank.worldbank.org/reports.aspx?source=World-Development-Indicators。CEPII 数据库：http://cepii.fr/cepii/en/bdd_modele/bdd_modele_item.asp?id=37。

做回归分析之前，需要借助似然比检验验证模型设定的适用性。一般采用广义似然比（LR）检验，其表达式为：

$$LR = -2\{\ln[L(H_0)] - \ln[L(H_1)]\} \tag{5-2}$$

$L(H_0)$ 和 $L(H_1)$ 分别表示含有约束条件模型的似然函数值和不含有约束条件的似然函数值。LR 统计量服从混合卡方分布，若 LR 统计量大于临界值则拒绝原假设，反之则接受原假设。假设检验一共分为两个部分：一是适用性检验，即检验非效率项 u_{it} 是否存在。其原假设 H_0 为 $\gamma = 0$，即不存在贸易非效率项，若接受原假设，则说明导致模型误差的因素为随机噪声，模型转变为普通面板数据模型，采用普通最小二乘法（OLS）做回归估计即可，反之，拒绝原假设，表示存在贸易非效率项，模型设定正确；二是贸易非效率的时变性检验，即检验贸易非效率是否随着时间的变化而变化。其原假设 H_0 为 $\eta = 0$，即贸易非效率不随时间变化，若接受原假设，则采用时不变模型进行回归估计，反之，说明模型具有时变性。

根据表 5-1 的假设检验结果可知，中国与东北亚四国对 RCEP 成员国出口贸易模型在 5% 的显著性水平上均拒绝不存在贸易非效率的假设，说明存在非效率项，即采用 SFA 计算贸易非效率是合理的。同时拒绝贸易非效率不存在时变性的假设，说明贸易非效率具有时变性。

表5-1　　　　　　　　　　　　　　　似然比检验结果

国家	原假设	约束模型	非约束模型	LR 统计量	5%临界值	结果
中国	不存在贸易非效率项	-120.09	-6.83	226.52	5.99	拒绝
	贸易非效率项不变化	-6.83	10.66	34.98	7.81	拒绝
日本	不存在贸易非效率项	-161.50	-9.03	304.94	5.99	拒绝
	贸易非效率项不变化	-9.03	-4.48	9.10	7.81	拒绝

续表

国家	原假设	约束模型	非约束模型	LR统计量	5%临界值	结果
韩国	不存在贸易非效率项	−184.61	−52.83	263.56	5.99	拒绝
	贸易非效率项不变化	−52.83	−29.74	46.18	7.81	拒绝
俄罗斯	不存在贸易非效率项	−275.38	−225.48	99.80	5.99	拒绝
	贸易非效率项不变化	−225.48	−198.1	54.76	7.81	拒绝
蒙古国	不存在贸易非效率项	−232.70	−217.2	31.00	5.99	拒绝
	贸易非效率项不变化	−217.20	−212.90	8.60	7.81	拒绝

数据来源：笔者根据回归结果整理得到。

2）模型回归结果分析

根据似然比假设检验结果，本书采用时变衰减模型对东北亚五国与RCEP成员国出口贸易进行回归分析，为了对比模型估计结果的稳健性和增强说服力，本书同时利用时不变随机前沿引力模型作为时变随机前沿引力模型回归结果的对比分析，见表5-2、表5-3。

表5-2　　　　　　　　　时不变随机前沿引力模型估计结果

国家	中国	日本	韩国	俄罗斯	蒙古国
变量	系数	系数	系数	系数	系数
con	887.08***	−176.86**	442.75***	−193.90***	57.07
	(6.35)	(−2.33)	(443.27)	(−194.07)	(1.24)
$\ln pgdp_i$	3.89***	−1.43	1.31**	4.18***	4.97
	(7.40)	(−1.37)	(2.59)	(3.81)	(0.94)
$\ln pgdp_j$	0.88***	1.02***	0.95***	1.33***	1.74***
	(12.41)	(7.51)	(5.83)	(6.60)	(7.21)
$\ln pop_i$	−43.59***	10.11**	−25.83***	9.47***	−4.32
	(−6.35)	(2.69)	(−44.92)	(15.05)	(−0.91)

续表

国家	中国	日本	韩国	俄罗斯	蒙古国
变量	系数	系数	系数	系数	系数
$\ln pop_j$	0.95***	1.06***	1.06***	0.92***	0.24
	(9.76)	(8.41)	(4.61)	(4.17)	(1.04)
$\ln dis_t$	−0.53	−0.08	−0.06	−3.26***	−4.55***
	(−1.37)	(−0.16)	(−0.08)	(−4.64)	(−6.62)
σ^2	0.63	0.81*	1.14**	13.39*	8.33
	(1.47)	(1.74)	(2.59)	(1.94)	(0.86)
γ	0.93***	0.94***	0.93***	0.93***	0.68*
	(19.94)	(31.98)	(54.42)	(24.24)	(1.83)
$loglik$	−6.83	−9.03	−52.83	−225.48	−217.26
LR	226.53	304.93	263.55	99.78	31.01

注：计算结果由Frontier4.1软件得出，*，**，***分别表示在10%、5%和1%的显著性水平下显著。括号内为t值，下同。

表5-3　　　　　　　　　　时变随机前沿引力模型估计结果

国家	中国	日本	韩国	俄罗斯	蒙古国
变量	系数	系数	系数	系数	系数
con	1 003.03***	−96.49	410.76***	−193.63***	−383.99***
	(8.38)	(−1.54)	(4.67)	(−179.87)	(−3.15)
$\ln pgdp_i$	5.38***	−0.11	6.22***	−1.82	1.50
	(10.22)	(−0.10)	(6.19)	(−0.86)	(0.33)
$\ln pgdp_j$	0.81***	1.05***	0.56***	1.26***	1.31***
	(10.28)	(8.17)	(5.56)	(11.72)	(4.91)
$\ln pop_i$	−49.18***	4.95	−25.8***	12.81***	24.99***
	(−8.31)	(1.49)	(−4.77)	(11.99)	(2.78)
$\ln pop_j$	0.53***	1.15***	0.54***	0.72***	1.23***
	(5.66)	(10.77)	(4.58)	(7.53)	(3.34)
$\ln dis_t$	−0.99***	−0.02	−0.85***	−3.72***	−2.14**
	(−3.82)	(−0.05)	(−2.77)	(−8.18)	(−2.5)
σ^2	2.50*	0.56***	2.89	4.54***	23.39***
	(1.75)	(3.44)	(1.47)	5.22	3.41

续表

国家	中国	日本	韩国	俄罗斯	蒙古国
变量	系数	系数	系数	系数	系数
γ	0.98***	0.93***	0.98***	0.86***	0.91***
	(164.36)	(68.04)	(78.94)	(25.56)	(38.39)
η	−0.05***	−0.01***	−0.05***	0.10***	−0.15***
	(−6.09)	(−3.16)	(−7.21)	(7.60)	(−5.13)
$loglik$	10.66	−4.48	−29.74	−198.10	−212.90
LR	261.50	314.03	309.74	154.56	39.50

由表5-2和表5-3可知，时变模型以及时不变模型基本保持了一致的估计结果，并且大部分变量通过了显著性检验，说明本书的核心变量可以较好地模拟中国、东北亚四国与RCEP成员国之间的出口贸易。进一步地，从时变随机前沿引力模型估计结果来看，中国、日本、韩国、俄罗斯和蒙古国五国对RCEP成员国出口贸易模型的γ值分别是0.98、0.93、0.98、0.86、0.91，表明东北亚四国与RCEP成员国的出口贸易额与其贸易潜力值还存在着一定差距，其中85%以上的贸易低效来自人为阻力。也就是说，贸易非效率因素的存在是导致东北亚国家对RCEP成员国的出口贸易额未达到其前沿水平的重要因素。这意味着东北亚国家对RCEP成员国的出口潜力有较大的发掘空间。η反映贸易非效率项随时间的变化情况，时变模型结果显示贸易非效率项η回归估算系数均为负，并且都通过了1%显著水平下的检验，这说明贸易非效率随着时间的推移逐渐增加。这意味着东北亚国家对RCEP成员国之间的出口贸易效率随时间有所下降，出口贸易额受贸易非效率项的影响逐渐增大。

分国家而言，首先是中国和韩国，引力模型的核心变量对中韩两国出口贸易的影响较为相似。就经济规模而言，出口国和进口国的人均GDP都具有十分显著的正估计弹性，中韩两国与RCEP贸易国的经济发展水平越高，越能促进出口贸易的发展。另外，由于RCEP成员国经济体量较小，相较而言，中韩两国的经济发展水平对于其出口贸易具有更强的拉动作用。就人口总量而言，在时变模型中，中韩两国的人口系数均为负，并且在1%的水平上显著，与理论预期不符。这说明中国和韩国的人口规模在一定程度上抑制了其与RCEP成员国之间的贸易流量，主要原因如下：对于中国来说，超大规模市场优势充分发挥，国内市场更加强大，产业结构升级加之国民文化的自信提升使得越来越多的国民倾向于本国消费，因此本土企业对国际市场的出口依赖程度有所降低。而对于韩国来说，受生育观念变化、婚育推迟等多方面因素的影响，韩国生育率均持续下降，近年来人口开始呈现负增长的态势，人口数量对双边贸易的影响尚未充分发挥。与此相反，RCEP成员国的人口数量对中韩两国对其出口贸易有显著的正向影响，这符合理论预期，说明市场容量越大越有利于扩大双边贸易。就两国首都距离而言，两国地理距离对于出口产生了负向抑制作用，与理论预期一致。

其次是日本，与中国不同的是，日本人均GDP的系数估计值为负且不显著，日本人口数量的系数估计值为正但不显著，与理论预期不符。而RCEP成员国人均GDP和人口系数为正并且均在1%的水平上显著，这说明对日本来说，由于日本人口减少，国内市场规模持续缩小，国内外需求差距逐步扩大，进口国人口数量的增加和居民财富的提升更能拉动日本的对外贸易。除此之外，日本与RCEP成员国之间的国家距离对出口贸易影响不显著。

最后是俄罗斯和蒙古国，其人均GDP回归系数均不显著，而进口国人均GDP回归系数均显著为正，说明对于俄罗斯和蒙古国来说，出口国经济发展水平越高，俄罗斯和蒙古国对其出口贸易的促进作用更大。俄罗斯、蒙古国两国和进口国的总人口系数均在1%的水平显著为正，表明两国与RCEP成员国的人口规模越大，对贸易的促进作用越大，与理论预期一致。两国与进口国之间的地理距离在1%的水平显著为负，表明运输成本是阻碍俄罗斯、蒙古国和RCEP成员国出口贸易的重要因素。

3）东北亚五国对RCEP成员国出口贸易效率分析

通过随机前沿引力模型，可以得到东北亚五国对RCEP成员国在各样本期内的出口贸易效率，由于蒙古国和俄罗斯部分年代数据缺失，本书选取2013—2021年东北亚五国对RCEP成员国的平均贸易效率进行分析，见图5-9。

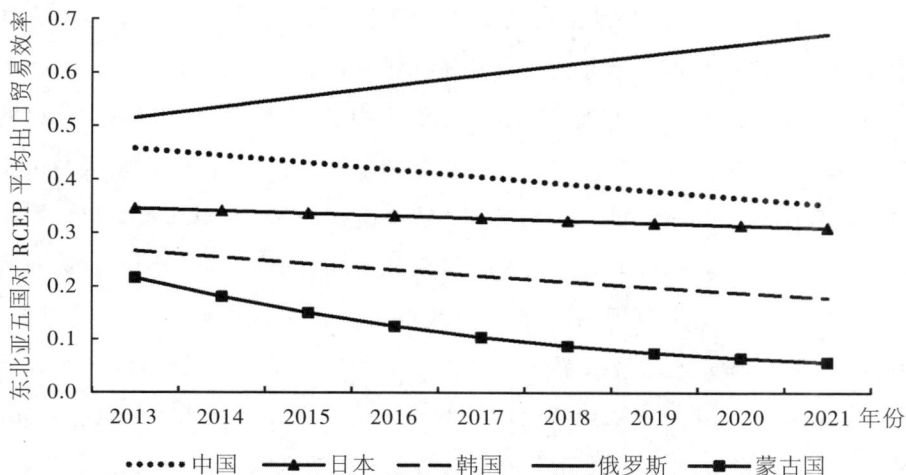

图5-9 东北亚五国对RCEP成员国平均贸易效率（2013—2021年）

数据来源：笔者由Frontier4.1软件计算得到，下同。

可以发现，在变化趋势上，东北亚国家与RCEP成员国效率水平表现出相似的演进规律。2013—2021年，中国、日本、韩国和蒙古国对RCEP成员国的平均出口贸易效率呈下降趋势，而俄罗斯对RCEP成员国平均出口贸易效率呈上升态势，说明中国、日本、韩国和蒙古国对RCEP成员国的平均出口贸易潜力是逐年增长的，这与表5-3中出口模型η回归系数一致。在贸易效率数值上，东北亚五国中，俄罗斯对RCEP成员国的出口贸易效率明显高于其他国家，出口贸易效率值在0.5~0.6之间，说明俄罗斯与RCEP成员国的对外贸易人为阻力相对较少；其次是中国、日本和韩国，这三个国家对RCEP成员国的出口贸易效率处于0.2~0.5之间；出口贸易效率劣势明显的是蒙古国，其对RCEP成员国的出口贸易效率值偏低，贸易潜力较大。

表5-4到表5-8是样本期内东北亚五国分别对RCEP成员国的出口贸易效率，可以发现：

第一，东北亚国家对RCEP成员国出口贸易效率存在显著差异。其中，中国和俄罗斯对RCEP成员国的出口效率的空间分布更为均衡，而日本、韩国和蒙古国对RCEP成员国出口效率的空间非均衡性更为突出。参考王睿和张爱瑜（2022）的划分标准，将贸易伙伴国分为三类：出口效率大于0.5的为高效率组，出口效率大于0.3小于0.5的为中效率组，出口效率低于0.3的为低效率组。按照该划分标准，各国划分结果如下：中国对RCEP成员国平均出口效率在中高水平的国家有9个，俄罗斯在RCEP的中高效率出口国家有11个，而日本在RCEP的中高效率出口国家仅有6个，韩国和蒙古国对大部分RCEP成员国出口贸易效率处于低水平。其主要原因在于：一方面，RCEP大部分成员国经济发展水平较低、投资环境较差、基础设施比较落后，这对与东北亚国家双边贸易的开展产生了一定影响。另一方面，RCEP部分国家未与东北亚国家建立自由贸易协定，过去较长时间内双边贸易未能深入开展。

第二，从整体来看，东北亚国家对越南、新加坡、泰国、马来西亚等传统贸易国家的出口效率值排名靠前，这些国家是东北亚国家未来开展经贸合作的重点出口国家。尤其越南在中国、韩国和俄罗斯对RCEP成员国出口效率排名第一，在日本对RCEP成员国出口效率排名第三，在蒙古国对RCEP成员国出口效率排名第五，由此可见，近年来越南主动参与谈判，大力推进自贸区建设、积极融入世界经济进程卓有成效。除蒙古国外，越南已经与中国、日本、韩国以及俄罗斯主导的欧亚经济联盟签署了一系列自由贸易协定，促使东北亚国家与越南贸易关系飞速发展。东北亚国家对文莱、老挝、缅甸等国家出口贸易效率排名靠后，很大程度上与其经济发展程度有关，在后续合作中，东北亚国家应给予国家政策协助其经济发展，以此改善内部贸易环境，减少贸易损失。

第三，从中日韩三国间出口贸易效率来看，近十年中日韩三国间出口贸易效率均呈现递减的趋势，且处于较低水平。对中国来说，中国对日本的出口贸易效率是日本对中国的近三倍，中国对韩国的出口贸易效率略低于韩国对中国的出口效率，中国对日本的出口效率始终高于其对韩国的出口贸易效率；日本对韩国的出口效率是韩国对日本的四倍以上；韩国对中国出口贸易效率始终高于其对日本的出口贸易效率。由此可见，中日韩之间贸易效率水平尚未达到最优前沿边界，且三国间贸易发展并不平衡，未来仍有很大的发展潜力与发展空间，因此中日韩自贸区的建立将有效促进中日韩间贸易发展。另外，预测随着2022年RCEP生效，中日韩三国间贸易环境将得以改善，这将成为中日韩三国贸易发展的契机，使双方巨大的贸易潜力得以释放。

表5-4　　中国对RCEP成员国出口贸易效率（2013—2022年）

国家	2013	2014	2015	2016	2017	2018	2019	2020	2021	2022	均值
越南	0.96	0.96	0.95	0.95	0.95	0.95	0.95	0.94	0.94	0.94	0.95
马来西亚	0.77	0.76	0.75	0.74	0.73	0.72	0.71	0.70	0.69	0.68	0.72
印尼	0.61	0.60	0.59	0.57	0.56	0.54	0.53	0.51	0.50	0.48	0.55
柬埔寨	0.58	0.57	0.55	0.54	0.52	0.51	0.49	0.48	0.46	0.44	0.51
泰国	0.56	0.55	0.53	0.52	0.50	0.49	0.47	0.45	0.44	0.42	0.49
新加坡	0.53	0.51	0.50	0.48	0.46	0.45	0.43	0.41	0.40	0.38	0.45
菲律宾	0.52	0.50	0.49	0.47	0.46	0.44	0.42	0.41	0.39	0.37	0.45
缅甸	0.50	0.48	0.47	0.45	0.43	0.42	0.40	0.38	0.37	0.35	0.42
澳大利亚	0.47	0.45	0.43	0.42	0.40	0.38	0.37	0.35	0.33	0.32	0.39
新西兰	0.26	0.24	0.23	0.21	0.20	0.18	0.17	0.16	0.14	0.13	0.19

续表

国家	2013	2014	2015	2016	2017	2018	2019	2020	2021	2022	均值
日本	0.25	0.23	0.21	0.20	0.19	0.17	0.16	0.14	0.13	0.12	0.18
韩国	0.17	0.16	0.14	0.13	0.12	0.11	0.10	0.09	0.08	0.07	0.12
老挝	0.16	0.15	0.14	0.12	0.11	0.10	0.09	0.08	0.07	0.06	0.11
文莱	0.08	0.07	0.06	0.06	0.05	0.04	0.04	0.03	0.03	0.02	0.05

表5-5　　　日本对RCEP成员国出口贸易效率（2013—2022年）

国家	2013	2014	2015	2016	2017	2018	2019	2020	2021	2022	均值
新加坡	0.88	0.88	0.88	0.87	0.87	0.87	0.87	0.87	0.87	0.86	0.87
泰国	0.79	0.78	0.78	0.78	0.77	0.77	0.77	0.76	0.76	0.76	0.77
越南	0.59	0.59	0.58	0.58	0.57	0.57	0.56	0.56	0.55	0.55	0.57
马来西亚	0.52	0.52	0.51	0.50	0.50	0.49	0.49	0.48	0.48	0.47	0.50
韩国	0.35	0.35	0.34	0.34	0.33	0.32	0.32	0.31	0.31	0.30	0.33
菲律宾	0.34	0.34	0.33	0.33	0.32	0.31	0.31	0.30	0.30	0.29	0.32
柬埔寨	0.30	0.29	0.29	0.28	0.27	0.27	0.26	0.26	0.25	0.25	0.27
新西兰	0.21	0.20	0.20	0.19	0.19	0.18	0.18	0.17	0.17	0.16	0.19
文莱	0.20	0.20	0.19	0.19	0.18	0.18	0.17	0.17	0.16	0.16	0.18
印尼	0.15	0.15	0.14	0.14	0.13	0.13	0.12	0.12	0.12	0.11	0.13
缅甸	0.15	0.14	0.14	0.13	0.13	0.12	0.12	0.12	0.11	0.11	0.13
澳大利亚	0.14	0.14	0.13	0.13	0.12	0.12	0.11	0.11	0.11	0.10	0.12
老挝	0.14	0.13	0.13	0.12	0.12	0.12	0.11	0.11	0.10	0.10	0.12
中国	0.09	0.08	0.08	0.08	0.07	0.07	0.07	0.06	0.06	0.06	0.07

表5-6　　　　韩国对RCEP成员国出口贸易效率（2013—2022年）

国家	2013	2014	2015	2016	2017	2018	2019	2020	2021	2022	均值
越南	0.93	0.92	0.92	0.92	0.91	0.91	0.90	0.90	0.90	0.89	0.91
新加坡	0.53	0.51	0.50	0.48	0.47	0.45	0.43	0.42	0.40	0.38	0.46
马来西亚	0.36	0.35	0.33	0.31	0.30	0.28	0.27	0.25	0.23	0.22	0.29
澳大利亚	0.32	0.31	0.29	0.27	0.26	0.24	0.23	0.21	0.20	0.18	0.25
菲律宾	0.26	0.24	0.23	0.21	0.20	0.18	0.17	0.16	0.14	0.13	0.19
泰国	0.25	0.24	0.22	0.21	0.19	0.18	0.17	0.15	0.14	0.13	0.19
印尼	0.25	0.23	0.22	0.20	0.19	0.18	0.16	0.15	0.14	0.13	0.19
中国	0.24	0.23	0.21	0.20	0.18	0.17	0.16	0.14	0.13	0.12	0.18
新西兰	0.21	0.19	0.18	0.16	0.15	0.14	0.13	0.11	0.10	0.09	0.15
柬埔寨	0.13	0.12	0.10	0.09	0.08	0.07	0.07	0.06	0.05	0.05	0.08
日本	0.12	0.11	0.10	0.09	0.08	0.07	0.06	0.05	0.05	0.04	0.07
缅甸	0.07	0.06	0.06	0.05	0.04	0.04	0.03	0.03	0.02	0.02	0.04
文莱	0.03	0.03	0.02	0.02	0.02	0.01	0.01	0.01	0.01	0.01	0.02
老挝	0.03	0.02	0.02	0.02	0.01	0.01	0.01	0.01	0.01	0.00	0.01

表5-7　　　　俄罗斯对RCEP成员国出口贸易效率（2012—2021年）

国家	2012	2013	2014	2015	2016	2017	2018	2019	2020	2021	均值
越南	0.85	0.86	0.87	0.88	0.89	0.90	0.91	0.92	0.93	0.93	0.89
韩国	0.78	0.80	0.81	0.83	0.84	0.86	0.87	0.88	0.89	0.90	0.84
菲律宾	0.77	0.79	0.81	0.82	0.84	0.85	0.86	0.88	0.89	0.90	0.84
印尼	0.76	0.78	0.80	0.81	0.83	0.84	0.86	0.87	0.88	0.89	0.83
新西兰	0.75	0.77	0.78	0.80	0.82	0.83	0.85	0.86	0.87	0.88	0.82
新加坡	0.73	0.75	0.77	0.79	0.81	0.82	0.84	0.85	0.87	0.88	0.81

续表

国家	2012	2013	2014	2015	2016	2017	2018	2019	2020	2021	均值
中国	0.67	0.69	0.71	0.74	0.76	0.78	0.79	0.81	0.83	0.84	0.76
马来西亚	0.65	0.68	0.70	0.72	0.75	0.77	0.79	0.80	0.82	0.83	0.75
日本	0.55	0.58	0.61	0.63	0.66	0.69	0.71	0.73	0.75	0.77	0.67
缅甸	0.39	0.42	0.45	0.49	0.52	0.55	0.59	0.62	0.64	0.67	0.53
泰国	0.35	0.39	0.42	0.46	0.49	0.52	0.56	0.59	0.62	0.65	0.50
老挝	0.08	0.10	0.13	0.16	0.19	0.22	0.25	0.29	0.32	0.36	0.21
柬埔寨	0.05	0.06	0.08	0.11	0.13	0.16	0.19	0.22	0.26	0.29	0.15
澳大利亚	0.05	0.06	0.08	0.10	0.13	0.16	0.19	0.22	0.25	0.29	0.15
文莱	0.00	0.00	0.00	0.00	0.00	0.00	0.00	0.01	0.01	0.02	0.00

表5-8　　蒙古国对RCEP成员国出口贸易效率（2013—2021年）

国家	2013	2014	2015	2016	2017	2018	2019	2020	2021	均值
新加坡	0.84	0.82	0.80	0.77	0.74	0.71	0.68	0.64	0.60	0.73
柬埔寨	0.39	0.33	0.28	0.23	0.18	0.14	0.11	0.08	0.05	0.20
中国	0.27	0.22	0.17	0.13	0.10	0.07	0.04	0.03	0.02	0.12
澳大利亚	0.21	0.16	0.12	0.09	0.06	0.04	0.02	0.01	0.01	0.08
越南	0.18	0.14	0.10	0.07	0.05	0.03	0.02	0.01	0.00	0.07
马来西亚	0.16	0.12	0.09	0.06	0.04	0.02	0.01	0.01	0.00	0.06
韩国	0.14	0.10	0.07	0.05	0.03	0.02	0.01	0.00	0.00	0.05
新西兰	0.12	0.09	0.06	0.04	0.02	0.01	0.01	0.00	0.001	0.04
泰国	0.11	0.08	0.05	0.03	0.02	0.01	0.01	0.00	0.00	0.03
日本	0.09	0.06	0.04	0.02	0.01	0.01	0.00	0.00	0.00	0.03
印尼	0.06	0.03	0.02	0.01	0.01	0.00	0.00	0.00	0.00	0.01
菲律宾	0.03	0.02	0.01	0.00	0.00	0.00	0.00	0.00	0.00	0.01

5.3 "RCEP+东北亚"下中国东北的区域经济合作路径

经济全球化已成为当今世界经济发展的主旋律，区域经济一体化也成为实现经济繁荣的不二选择。促进东北亚区域经济合作需要各国政府共同发力，中国也需要发挥关键作用，引领东北亚区域经济合作走向新的高度。RCEP下中日韩三国首次建立自由贸易联系，为中日韩FTA建设提供了新的契机。中国东北位于东北亚几何中心，是中国面向东北亚开放的重要门户，与日韩开展经贸合作具有良好的基础和传统，中国东北有必要发挥自身优势，通过打造中日韩FTA建设中国东北先行区、建设东北亚国际航运中心于中日韩FTA建设中承担重要作用。

5.3.1 基于RCEP的东北亚区域经济合作路径

第一，完善区域多边合作机制，为东北亚区域经济合作提供制度化平台。中国应积极主动完善东北亚区域的双边及多边合作机制，推动东北亚区域国家在共建"一带一路"倡议框架下加强合作，助力双循环新发展格局。中国为世界第二大经济体，日本是发达国家，韩国是新兴工业化国家，三国在东北亚区域的经济实力和国际影响力强劲，可发挥引领作用，率先开展多边经贸合作，推进合作机制建设。中日韩三国可以在中日韩三国领导人会议等平台进行磋商，探讨"中日韩+X"的合作模式，增强政治经济互信，促进三国关系友好往来。同时，在中日韩三方现有的合作基础上积极开展与俄罗斯、蒙古国及朝鲜等第四方合作，实现优势互补与互利共赢，带动东北亚区域经济增长。中国还可加强中蒙俄经济走廊、"大图们倡议"与共建"一带一路"倡议的互联互通，完善基础设施建设，构建全方位、立体化的经济走廊。另外，东北亚六国可以在现有机制上拓展深化，并合力共建新的合作机制，促进东北亚区域合作机制多元化。

第二，构建更高层次的开放型经济，在东北亚区域经济合作中发挥中国力量。自改革开放以来，中国的对外开放水平持续提升，深度融入全球经济体系，在维护多元稳定的国际经济格局和经贸关系中发挥了重要作用。中国作为东北亚区域的核心国家之一，在经济体量、国际影响力等方面均处于前列，特别是中国是其他东北亚五国的重要贸易伙伴，经济合作关系密不可分。因此，中国需要发挥大国力量，主动推进东北亚区域合作，引领各方积极参与。对内，深化体制机制改革，优化国内营商环境，大幅放宽市场准入，提升贸易自由化和便利化水平，加速形成陆海内外联动、东西双向互济的开放格局，同时加快自由贸易区（港）等开放高地建设，为对外开放合作提供多样化的平台。对外，实施更广泛和更深入的全面开放，巩固国际经贸网络，深度融入东北亚区域生产分工体系并向价值链上游攀升，积极参与国际经贸规则构建，在东北亚多边合作中发挥引领作用，携手东北亚国家共同应对外部风险。

第三，积极参与国际循环，强化中国东北在面向东北亚对外开放中的作用。中国东北应充分利用地缘与区位优势，积极拓展外循环辐射范围，在东北亚区域经济合作中发挥关键作用。辽宁可以利用海洋资源与港口优势，全力推动东北亚国际航运中心和国际物流中心建设，成为东北亚区域经济合作的海上枢纽。特别是在 RCEP 协定生效实施的重大机遇下，利用 RCEP（大连）国际商务区，将大连市以及辽宁打造成为中国面向日韩扩大开放合作的新高地。吉林则需要在"大图们倡议"的次区域合作机制中发挥关键作用，促进长吉图先导区建设，争取实现图们江出海口问题对接，将珲春市打造成为中俄朝三国交界的国际自由贸易港城市。黑龙江则需要利用好与俄罗斯接壤的漫长国境线，加强沿边合作，巩固对俄合作的枢纽地位。内蒙古则重点承接中蒙俄经济走廊的相关项目，促进其与"一带一路"倡议的有效对接，加强与蒙古国和俄罗斯的合作。中国东北利用自身特色优势，在打造面向东北亚开放的前沿中发挥不同作用，同时汇聚发展合力在东北亚区域经济合作中发挥关键作用。

5.3.2 打造中日韩FTA建设中国东北先行区

第一，中国东北应积极探索建设中日韩地方经贸合作示范区及产业园区。一是加强中日韩地方间合作。中国东北应积极向国家争取开放政策支持，结合区域发展规划，推动哈尔滨、长春、大连、沈阳等城市与经贸往来密切或者合作潜力巨大的日本、韩国的城市，建立密切的经济合作伙伴关系。探索建立地方政府、企业以及社会机构等多形式、宽渠道、全方位、多领域、常态化的交流合作机制，优化资源配置效率，激活城市周边区域活力。二是加强中日韩的政策沟通。中国东北应学习沿海省区的先进经验，创新示范区内的开放政策、运营管理模式、体制机制等，制定示范区内RCEP成员国特别是日韩企业入驻、扶持等政策以及实施细则，为外国投资者创造更加稳定、开放、透明和便利的投资环境，以示范区有效吸引日韩企业投资，推动地区特色产业发展。三是注重中日韩产业区与城市的并行发展。中国东北应规划建设中日、中韩特色产业园区并搭建生活配套环境，推动中日韩产业园向产城融合引领区的方向发展。其中辽宁作为东北经济发展的龙头，更应发挥与日韩在产业链、供应链合作的先锋作用，深耕日韩企业，尤其要加强高端装备制造业、新能源、海洋、金融、医疗健康、养老、旅游等重点产业领域合作。

第二，中国东北应以RCEP生效落地为契机，推进与日韩的数字合作平台建设。一方面，推动中国东北与日韩企业共同构建网络空间共同体，支持区域内数字化转型较快的大型企业率先搭建数字平台，而小型企业则采取逐步加入的方法将区域内分散的信息系统予以整合，最终形成中日韩一体化数字平台。同时，中国东北应借助RCEP合作契机，与日韩共建国际市场信息网络，相关企业可在官方平台查询到详细准确的行情、各国政策变化等信息，有利于出口企业优化空间布局。另一方面，中国东北应与日韩高校开展联合办学，推动高校间师资互访、学生留学、科研合作、共同举办高水平国际学术会议等，联合日韩高校共同制定数字等专业人才培养计划，设立国际合作与交流基金。

第三，中国东北应协同日韩地方政府积极探索融资新模式，指导双方企业拓宽多元融资渠道。一是"引进来"与"走出去"相结合，提升中日韩企业融资便利度。一方面，中国东北可借助中国进出口银行等金融机构，设立对接日韩企业的融资平台，精准助力中日韩中小企业对接融资业务。另一方面，中国东北应加强与中国出口信用保险公司合作，针对城市的实体经济重点领域及薄弱环节，实行"一城一策""一企一策"精准服务，重点关注面向日本、韩国的出口信用保险服务，以支持外贸企业对日韩业务的稳定运行。二是中国东北应积极参与人民币对日元、韩元直接交易。随着中国东北与日韩经济领域合作空间的不断扩大，企业和金融机构对人民币、日元以及韩元的直接报价交易需求日益强烈，中国东北应与日韩银行、保险等金融机构深化合作，推进日元、韩元挂牌交易试点银行以及城市建设，以此促进中日韩货币互换，将中国东北建设成为东北亚区域的结算中心。三是中国东北企业在与日韩两国的供应商、承包商共同开发海外项目时，应积极联合日韩两国金融机构为海外项目提供融资支持，建立促进多边项目合作的协调机制，共同开辟第三方市场。

5.3.3 深入推进东北亚国际航运中心建设

辽宁拥有大连港与营口港两大港口，地处黄渤海之滨，海运交通条件便利。其中大连是环渤海经济圈重要港口城市，属于中国东北主要的交通枢纽，其作为"陆上丝绸之路"与"海上丝绸之路"的重要海陆交汇点更是担当了辽宁乃至东北对外开放的窗口与龙头。2023年《大连市政府工作报告》贯彻落实建设大连东北亚国际航运中心的国家战略，作出"提升东北亚国际航运中心地位""提升东北亚国际物流中心功能"的重要部署。面对新形势新要求，辽宁特别是大连市应加快完善东北亚国际航运中心和物流中心功能体系。

第一，辽宁应统筹区域港口资源配置，优化其功能布局。中国东北的主要港口均集中在辽宁，港口多、规模小，协同发展能力仍显不足，港口间可能存在的不规范竞争，将会扰乱市场秩序。通过组建辽宁港口战略联盟，明确主要港口功能定位和服务方向，结合城市发展需要，逐步推进各港区功能调整，提升整体竞争力。具体来看，辽宁应着力打造以大连港为核心，营口港、锦州港和丹东港为辅助的优势互补、协调分工的港口集群，形成具有竞争力的国际海港枢纽。同时，注重辽宁各片区之间的相互协调和竞合关系，如大连片区建设东北亚航运中心，而营口片区注重构建国际海铁联运大通道重要枢纽，两片区之间相辅相成。大连港与营口港还要发挥好服务沈阳片区及周边经济区出海口的作用，港口与内陆相互协调。另外，辽宁各港口应加强与日本横滨港、韩国釜山港等日韩主要港口的合作交流，增加对其主要城市的覆盖，在集拼中转、海铁联运、大宗货物中转等领域，建立与日韩主要城市间的合作机制。

第二，辽宁应规划建设统一的物流信息管理平台，实现港口货物仓储的统一调配。一是发挥数字经济对港口发展的赋能作用，推动航运服务向高端化、数字化、智能化、低碳化转型。辽宁省政府可借助推进数字化改革的契机，建设港航服务数据中心，通过对港航服务信息进行挖掘和分析，明确车船定位、货物跟踪、航运信息等基本问题。利用港航服务大数据生态系统，吸引更多的日韩高端航运金融、跨国贸易物流企业等机构落户辽宁。二是优化辽宁口岸营商环境，推动口岸和跨境贸易领域等业务通过"单一窗口"进行在线和无纸化办理，且实现通关全流程透明化、可视化查询，促进提高通关效率。辽宁应积极推进与RCEP成员国特别是日韩的通关监管以及信息交换，重点加强双边航运数据预先交换、集装箱检验监管信息互换等跨境通关对接合作。保税港区、大连出口加工区和大连大窑湾保税港区，应面向日韩大力发展保税贸易和离岸贸易，将大连作为日韩贸易中转站，促进日韩产品流向全国。三是大连应通过完善铁路、航空等基础设施建设，提高现代物流服务质量和效率，构建发达的陆海空一体化的物流体系，逐步形成功能完备、层次分明、装备齐全、高效畅通的集疏运体系。由此，中日韩三国可借助"辽满欧""辽蒙欧""辽海欧"交通运输国际通道进行自身货物的集散，也为中日韩向西开拓市场打开通道，推动各方企业联合"走出去"，以多种形式共同开发第三方市场。

5.4　本章小结

本章主要研究"RCEP+东北亚"对中国东北经济外循环发展的影响，深入剖析"RCEP+东北亚"对中国东北的经济格局和外部合作关系的重要性。

首先，本章第一节对"RCEP+东北亚"区域中涵盖的东盟10国、中国、日本、韩国、澳大利亚、新西兰、俄罗斯和蒙古国17国之间的货物贸易与服务贸易、FDI与OFDI状况通过图表进行描述与分析，结果表明，"RCEP+东北亚"国内生产总值与货物贸易占全球总体规模的1/3，且中国、新加坡、日本与韩国均为对外投资大国。因此，"RCEP+东北亚"区域是全球经济的重要组成部分，也是全球经济发展的重心。

其次，本章第二节从实证角度，基于2013—2021年中国、日本、韩国、俄罗斯、蒙古国等东北亚五国与RCEP成员国货物贸易格局，运用时变随机前沿引力模型实证研究东北亚五国对RCEP成员国的出口贸易效率，并从时间趋势和国别差异两个视角予以对比分析，得出以下结论：一是东北亚国家与RCEP成员国出口贸易效率变化趋势相似，仅俄罗斯对RCEP成员国出口贸易效率呈上升趋势；二是东北亚国家对越南、新加坡、马来西亚等传统贸易国家的出口贸易效率排名靠前；三是中日韩三国之间贸易效率尚未达到最优边界前沿，三国间贸易发展失衡，未来仍有很大的发展潜力与空间。

最后，基于上述分析，本章第三节提出"RCEP+东北亚"下中国东北的区域经济合作路径。中国应推动完善区域合作双边及多边机制，为东北亚区域经济合作提供制度化平台；积极探索建设中日韩地方经贸合作示范区及产业园区，以RCEP生效落地为契机，推进中国与日韩的数字合作平台建设；作为中国东北主要的交通枢纽辽宁，特别是大连市应加快完善东北亚国际航运中心和物流中心功能体系。

6

基于RCEP的东北亚区域合作与
中国东北经济推进机制

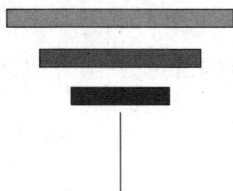

2022年1月，RCEP正式生效，RCEP包含的章节与规则将对促进东北亚区域合作、中国东北经济发展以及提高区域一体化水平产生较大影响。随着RCEP生效及实施，东北亚区域、中国与RCEP成员国之间的经贸联系更为密切，贸易壁垒减少，区域合作机制、发展方向及实现路径等方面规则将更为完善，较之前更为高效，进而对中国东北经济各领域发展具有促进作用。本章试图阐明RCEP下东北亚区域合作与中国东北经济发展的机制安排，探究未来合作与发展的机制方向和可行路径。

6.1　东北亚区域经济合作进展评估

本书将国家作为研究对象，探讨东北亚六国经济合作的进展。东北亚区域六个国家地理位置毗邻，中国、俄罗斯、蒙古国彼此为邻国，朝鲜半岛与中国、俄罗斯两国领土相连，日本则仅隔日本海与各国相望。在这种地缘关系下，各国经济关系稳固，为东北亚各国开展区域经济合作、实现经济统一协调发展提供了有利条件。

6.1.1　东北亚区域经济合作发展历程

20世纪90年代初，冷战结束以后，美苏两极争霸的政治经济格局向多极化转变，全球区域经济一体化浪潮兴起。东北亚各国也纷纷着手构建和改善双边及多边国际关系，同时基于地缘优势和区域经济互补优势，提出了加快区域经济合作、推进东北亚区域经济一体化的发展战略。在共同的战略目标下，东北亚陆续提出多种地方性经济交流与次区域经济合作机制，如"环日本海（东海）经济圈""环黄海经济圈""图们江国际合作开发"等。特别是1991年UNDP发布《图们江地区开发愿景》报告，开始实施图们江地区计划，即在中国、俄罗斯、朝鲜三国交界的图们江三角洲建立一个经济开发区，推动图们江区域形成了初步的多边协商制度，也是东北亚区域内最早实际构建的区域合作制度。此后，图们江区域合作取得了诸多积极进展，并在此基础上演进为"大图们倡议"①，有效推动了区域内各国的协商合作，但是这一机制仍以会议和交流为主，并未实现制度化导致其缺乏约束力、合作松散。

21世纪后，东北亚区域经济合作步入新的阶段。东北亚区域的三大国即中国、日本和韩国以东盟为纽带在3个"10+1"基础上搭建起了"10+3"合作机制，于1997年召开第一次会议，2004年将其作为建立东亚共同体的主渠道，推动中日韩三国经济合作进一步深化。2008年后，中日韩三国为携手应对金融危机启动了中日韩三国峰会并发表了《三国伙伴关系联合声明》，这是中日韩首次在东盟"10+3"框架外单独举行的会议，成为东北亚区域经济合作一项新的交流合作平台。2011年，中日韩合作秘书处成立，总部设在韩国首尔，以推动三国政策协调与合作深化为工作目标。2012年，中日韩三国正式宣布将启动FTA协商，三方就货物及服务贸易、投资以及规则领域等问题展开讨论。2016年，中国在共建"一带一路"倡议下与蒙古国、俄罗斯签署协议，开启共建中蒙俄经济走廊。2018年，习近平主席在第四届东方经济论坛全会的致辞中提出努力构建"东北亚经济圈"的共同目标，并提及"推动小多边合作、次区域合作"等重要方向，得到了区域内各国的积极响应。这一时期，在中国共建"一带一路"倡议和"东北振兴"战略、俄罗斯"欧亚经济联盟"计划、蒙古国"草原之路"计划、韩国"新北方政策""新南方政策"等政策趋同下，东北亚各国开始重视东北亚区域的发展机遇，加速推进经贸合作，东北亚区域经济合作进入快车道。

"百年未有之大变局"与新冠疫情交织下，东北亚区域局势出现新的变化。疫情期间，东北亚国家特别是中日韩三国紧密合作，为全球抗疫树立样板，进一步凸显出区域合作的重要性，但同时疫情也对各国经贸往来产生阻

---

① 2005年，图们江国际开发项目正式更名为"大图们倡议（Greater Tumen Initiative，GTI）"。

隔，给区域经济增长蒙上阴影。乌克兰危机爆发后，日本与韩国紧跟西方国家步伐，对俄罗斯实施经济制裁，为东北亚区域经济合作施加不利因素。特别是日本颁布一系列措施，将合作重点放在印太区域而非东北亚区域，未来东北亚区域经济合作局势不确定性增加。

6.1.2　东北亚区域经济合作现状及特征

2022年，东北亚区域的经济总量和贸易总额约占全球的1/4和1/5，该区域的经济合作对于亚洲乃至全球经济繁荣都至关重要。东北亚区域内部经贸合作紧密，且已经构建起多层次的区域经济合作框架，具体表现为以下几方面。

1）东北亚国家经济互补性强，互为重要经贸伙伴

东北亚各国自然资源条件和经济发展程度存在明显差异，经济互补性强。其一，要素禀赋互补。日本和韩国两国自然资源较为贫乏，工业原材料自给率很低。俄罗斯、蒙古国和朝鲜的矿产、能源和森林资源丰富，且地广人稀，待开发的资源多。中国地大物博，自然资源丰富，多种矿产品特别是有色金属储量世界领先。其二，产业结构互补。发达国家日本和新兴工业化国家韩国具备先进技术和大规模对外投资资本，以高技术制造业和信息产业为支柱，同时针对农业限制较多。俄罗斯能源资源丰富，经济增长和财政收入大都依赖于石油等资源型产品出口。蒙古国制造业基础薄弱，发展速度慢，以畜牧业、农业和矿业为经济支柱。朝鲜则以农业和加工业为重心，冶金、化工等重工业也发展较快。中国的比较优势在于机械电子、石油化工业，是全球重要的加工贸易基地。因此，东北亚各国在要素禀赋和产业发展上具有很强的互补性，可围绕自然资源、资金、技术和市场等多领域进行合作，潜在的巨大经济效益为东北亚区域经济合作奠定基础。

东北亚六国互为重要贸易伙伴，形成紧密贸易网络。如表6-1所示，东北亚六国贸易依存度高。2022年，中国外贸首次突破40万亿元人民币，连

续六年稳居世界货物贸易第一大国地位。中国也是东北亚区域的贸易中心，其他五国都对于中国贸易高度依赖，日本、韩国、俄罗斯对中国的贸易依存度在两成左右，蒙古国达到六成以上。特别是朝鲜几乎所有的贸易活动均以中国为对象，对中国的贸易依存度高达96.64%。中国则更加注重与日韩的贸易合作，与日韩的贸易依存程度都在5%以上。俄罗斯与蒙古国接壤，依托地缘优势深度参与国际贸易，蒙古国对俄罗斯的贸易依存度也较高达到了12.73%，远高于对日韩的依赖。东北亚区域的经贸合作在新冠疫情等风险下仍然有不俗的表现，已经成为全球最具经济增长潜力的区域之一。

表 6-1　　　　　　　　东北亚国家间贸易依存度（2022年）　　　　　　单位：%

	中国	日本	韩国	俄罗斯	蒙古国	朝鲜
中国		5.66	5.74	3.02	0.19	0.02
日本	20.26		5.33	1.18	0.03	
韩国	22.02	6.06		1.50	0.03	
俄罗斯	17.53	2.30	3.71		0.23	
蒙古国	64.10	3.24	3.31	12.73		
朝鲜	96.64					

注：表中数据代表的是所在列经济体对所在行经济体的贸易依存度。X对Y的贸易依存度等于X对Y的贸易额（出口加进口）除以X对世界的贸易总额。朝鲜数据仅有与中国的贸易数据。

数据来源：笔者基于UNCTAD数据库数据整理得到。

2）FTA等双边或多边制度性框架正在持续推进

目前，东北亚国家已签署生效多个贸易协定，包括《亚太贸易协定》（The Asia-Pacific Trade Agreement，以下简称APTA）、中国-韩国FTA、日本-蒙古国《经济伙伴关系协定》（Economic Partnership Agreement，以下简称EPA）以及RCEP，推动东北亚区域经济一体化进一步提升。具体而言，

APTA属于优惠贸易安排，只涉及部分产品一定幅度的降税，2020年蒙古国加入并于2021年1月1日开始与成员国相互实施关税减让安排，其成员国还涵盖中国、韩国两个东北亚国家以及印度、老挝等东南亚国家，有助于蒙古国同中国和韩国进一步提振贸易往来，同时提升与东南亚国家的合作动力。中国与韩国的双边FTA于2015年生效，迄今已进行8次关税削减，在巩固并深化两国经贸关系中发挥了重要作用。中韩两国已于2017年启动FTA第二阶段谈判，以负面清单模式开展高水平服务贸易和投资自由化磋商，并已取得积极进展。日本-蒙古国EPA于2016年正式生效，虽然涵盖规则条款较少但也使得日蒙双方从中受益，且较日本而言，蒙古国因其对日出口商品的品种和数量均不多，EPA带来的相关福利少、速度慢。2023年6月2日，RCEP对所有成员国全面生效，覆盖中日韩三个东北亚国家，在货物和服务贸易、投资等传统经贸规则，以及知识产权、电子商务、中小企业等边境后规则等多领域作出新规范，推动制度型开放迈上新台阶，有助于打造更紧密的RCEP区域产业链、供应链和价值链，也为中日韩等RCEP成员国开拓了更广阔的经贸合作空间。

除上述贸易协定外，东北亚区域还有许多正在谈判或研究中的FTA，各国对区域经济一体化态度积极主动，如表6-2所示。中日韩三边FTA设想最早于2002年于中日韩领导人会议提出，而三国政府间FTA谈判的正式启动则是在2012年，至2019年已经进行至第十六轮谈判，但是仍未能达成统一结果。俄罗斯并未与其他东北亚国家达成FTA，而是以欧亚经济联盟①成员的身份参与经贸协定谈判。蒙古国也在积极构建贸易协定，陆续与韩国、中国、欧亚经济联盟启动FTA的可行性研究。另外，日本与韩国于2003年开始FTA谈判，但是由于双方争议较大，2004年就终止了谈判。

---

① 欧亚经济联盟成员国包括俄罗斯、哈萨克斯坦、白俄罗斯、吉尔吉斯斯坦和亚美尼亚五国。

表6-2 东北亚区域的贸易协定

已签署并生效	谈判中	研究中
中国-韩国FTA	中日韩FTA	欧亚经济联盟-蒙古国FTA
日本-蒙古国EPA	韩国-欧亚经济联盟FTA	中国-蒙古国FTA
RCEP		韩国-蒙古国FTA
APTA		

资料来源：笔者基于亚洲开发银行FTA数据库数据整理得到。

3）立足边境的次区域合作迈出实质性步伐

东北亚地区虽然没有形成统一的组织框架，但在不同层次、不同范围内开展了多样化的次区域合作。次区域合作是区域合作的基础，往往立足于跨国境接壤的边境区域，同时存在实现交通与贸易交互的有利条件。东北亚区域的国家间边境线漫长且海陆相连，开展次区域合作具备天然基础。学者们对于东北亚次区域合作提出诸多构想，但是实际付诸实践的并不多，东北亚次区域合作仍以"大图们倡议"、中蒙俄经济走廊为重点。

其一，"大图们倡议"成立于1992年，现有成员国包括中国、蒙古国、俄罗斯和韩国，成立30多年来已经在贸易投资、环境、能源、地方合作等领域取得积极进展，旨在共建开放型东北亚区域经济圈，以及促进东北亚区域经济一体化。2023年，中国担任"大图们倡议"东道国，并主办第23届政府间协商委员会部长级会议。另外，共建"一带一路"倡议提出后，中国开始注重其与图们江区域合作的联动效应，希望通过国际大通道建设以及陆海联运发展来实现区域互联互通，例如中俄两山（阿尔山-乔巴山）铁路建设和中韩海上通道建设既提升东北亚区域连通性，又可以联动共建"一带一路"的其他国家，为图们江区域合作注入新的动力。

其二，中蒙俄经济走廊于2014年中国、俄罗斯、蒙古国三国元首会晤时首次提出，2016年中蒙俄三国签署《建设中蒙俄经济走廊规划纲要》，对中蒙俄经济走廊的建设宗旨、合作领域、资金来源、实施机制进行规划，成为共建"一带一路"倡议框架下的东北亚次区域合作机制。中蒙俄经济走廊分为两条互动互补的线路：一是从华北京津冀到呼和浩特，再到蒙古国和俄罗斯；二是中国东北从大连、沈阳、长春、哈尔滨到满洲里和俄罗斯的赤塔。中蒙俄经济走廊已经搭建起国家级协调、省级磋商、地市级运作的三级框架，各方积极参与推动合作内容不断深化，合作深度显著提升，形成了内蒙古满洲里综合保税区、中蒙二连浩特-扎门乌德跨境经济合作区、中蒙"两山"铁路等丰硕成果。

4）区域内经济合作势头良好，合作机制不断丰富

其一，东北亚区域联通性持续提升。东北亚区域陆海相连，各国交织形成了广阔通达的陆海空交通网络。在海运方面，东北亚各国拥有诸多重要港口，如中国的大连港和青岛港、韩国的仁川港和釜山港、日本的横滨港和神户港、俄罗斯的符拉迪沃斯托克港、朝鲜的罗津港等，可以为货物的海上运输提供高效服务。在陆运方面，有"图—赤"运输走廊、黑河公路桥以及连接莫斯科和海参崴、跨越欧亚大陆的西伯利亚大铁路等诸多项目，为实现区域经济一体化提供了良好的硬件设施。东北亚区域的空运也非常发达，货物和人力的承载力较强，各国之间往来航线也较多。高通达性的海陆空交通网络为东北亚各国的商品不仅打通了内部贸易渠道，还形成了向欧洲、大洋洲等地拓展的基础，未来可以协调统一的物流交通网提升区域竞争力。

其二，东北亚区域经济合作平台不断丰富。中国与其他东北亚国家在边境地区设立了中朝元汀里互市贸易区、珲春中俄互市贸易区等作为对外开放合作的重要窗口，探索边境贸易合作机制。中国还与俄罗斯建立了斯克沃罗基诺－漠河、"西伯利亚力量"1号和2号等石油、天然气管道，拓展自然资源领域的经济合作。另外，东北亚区域陆续涌现出众多不同层次的交流平台，如中国亚太学会东北亚研究会、日本东北大学东北亚研究中心等研究机构；环日本海地方政府首脑会议、东北亚经济论坛、中日韩泛黄海经济技术

交流合作等国际会议及论坛；东北亚物流协会、图们江秘书处等合作组织；中国-东北亚博览会、中日韩产业博览会等展会。其中，中国-东北亚博览会至2023年已经举办了十四届，为东北亚企业搭建常态化的经贸合作平台。目前已签署合作项目累计近3 000个，商品成交累计达91亿美元，专业客商累计约77万户，有效促进企业开展商务活动，激发合作意愿，在推动区域经济发展中发挥了重要作用[①]。

6.1.3 东北亚区域经济合作的问题

东北亚区域经济合作仍受诸多因素限制，且复杂多变的国际政治经济形势也为东北亚区域经济合作带来新的挑战。

1）现有经济合作机制推进缓慢

东北亚次区域合作虽然已经具有一定成效，但是合作机制还不成熟，制度化安排较少，东北亚区域内的次区域合作潜力未能得到充分的发掘。例如"大图们倡议"提出以来，其打造连接亚欧大陆和太平洋的交通物流枢纽、推进跨境经济自由贸易区建设等基本构想仍停留在起步阶段，合作框架松散、层次浅等问题依然未能得以有效解决，导致该合作机制进展缓慢、成效平平。且"大图们倡议"作为次区域合作机制，扎根于图们江流域的边境地区，重点任务是实现东北亚国家的边境区域联动以及促进图们江流域地区的经济增长。但对比而言，图们江流域的次区域合作发展水平明显落后于同期的湄公河次区域合作和中亚次区域合作，对东北亚区域经济的带动作用有限。

东北亚次区域合作也面临着基础设施建设不足的问题，对区域内联通造成不利影响。例如，在中国与朝鲜边境次区域合作中，存在河流等地理客观因素的阻隔，中朝双方曾计划在丹东市修建鸭绿江大桥，建设可以横跨鸭绿

---

① 数据来源：方华. 东北亚区域经济合作的现状及前景 [J]. 现代国际关系，2008（11）：57-62.

江的新公路桥，来推动实现双方人员和贸易互通的目标，中国方面已经于2014年基本完成施工，而朝鲜方面却迟迟没有动工。中蒙俄边境口岸也在不同程度上缺乏基础性交通设施的互联互通。东北亚区域地处亚欧大陆的东北端，与日本隔海相望，通过日本即可直面太平洋，具备自东向西联通太平洋与亚欧大陆的可行性，然而现阶段的海陆联通作用未能充分挖掘，区域内外联通水平亟待提升。

东北亚次区域合作以各国接壤或邻近的边境地区为主，这些区域大多经济发展水平相对较低，成为影响东北亚边境次区域合作开展的另一不利因素。例如，俄罗斯位于亚欧大陆东段的远东地区，地广人稀，经济发展基础差；蒙古国与中国和俄罗斯接壤的国境线漫长，但均是远离经济发展核心区的边缘地带；朝鲜的国家经济整体发展水平有限，边境地区的经济发展与城市建设更为不足。中国在东北的边境城市也以县级市居多，地级市较少，城市发展水平与腹地城市相比存在较大差距。在此情形下，东北亚区域的边境次区域合作的动能不足、成效受限。

2）缺乏整体性合作框架

虽然东北亚区域具有不同层次的区域合作框架，但大多属于双边合作及小范围内多边合作，合作的规模小、范围窄，难以覆盖东北亚地区的所有国家，整体性的东北亚区域合作还没有形成。同时，各东北亚区域不同的合作范式难以实现有效整合，多边经济合作成果有限，与区域经济一体化的目标差距甚远。

一方面，东北亚区域经济合作无法覆盖各国，特别是朝鲜。朝鲜对外开放政策限制多，且在经济方面面临国际社会的长期制裁。朝鲜就曾在国际社会制裁下于2009年退出了"大图们倡议"。朝鲜经济发展水平有限，国内经济政策和营商环境难以与国际接轨，导致其难以融入国际和区域经济体系，进一步阻碍了区域通达与联动性，致使东北亚整体框架下的跨境物流、次区域合作等难以深入推进。新冠疫情后，朝鲜为确保国家安全重新提升封闭性，未来能否融入到东北亚区域经济合作体系中来仍旧存疑。

另一方面，东北亚尚未形成统一的制度性合作机制，缺乏主导力量。东北亚区域内由于各国经济发展水平、社会经济制度、政治体制等差异性限制了合作的深度，未能形成一个整体性的大型区域性合作组织。东北亚现有的次区域合作机制的参与者多为部长级别或地方政府首脑，政府间对话沟通多通过外长会议、商务部部长会议、地方行政长官会议等形式，中央政府和领导的参与程度较低，难以达成国家层面的合作统一决策，政府引导作用有限。同时，东北亚区域缺乏一个强有力的组织来统筹推进区域经济一体化建设，各成员国的行动表现出一定的单边性，难以进行统筹协调，导致区域经济合作存在很大的不确定性。

3）区域内政治经济互信不足

东北亚区域政治局势复杂，相关经济合作政策也随着各国政治立场而不断变化，特别是"百年未有之大变局"下，区域内国家力量深刻对比调整，东北亚区域经济合作的不稳定性及不确定性增加。

东北亚区域受制于领土争端以及历史遗留问题等因素的影响，区域内部的政治互信尤为不足。东北亚地区的领土争端由来已久，如韩日之间的独岛（竹岛）争端、日俄之间的"北方四岛"（南千岛群岛）争端及其周边海域的划界和海洋资源开发问题上的争端。其中，地处东北亚区域中心位置朝鲜半岛的朝鲜和韩国两国长期持有对立态度，对东北亚区域生产要素自由流通造成一定障碍。近年来，朝鲜半岛局势有所缓和，2018年双方签署《平壤共同宣言》主张构建了半岛永久和平机制。然而疫情下，朝鲜再次开启封闭政策，缩回了对外开放的步伐，至今对外合作态度仍不明朗。更为重要的是，乌克兰危机的爆发进一步加剧东北亚地缘冲突紧张局势，国际社会对朝鲜、俄罗斯的制裁，也使得其与东北亚国家的贸易受到制约，合作领域也存在局限，不仅对朝鲜和俄罗斯的经济产生负面作用，还为东北亚区域经济合作的持续发展带来挑战。

作为东北亚区域的中心，中日韩三国的政治经济关系也深刻影响区域经济合作局势。日本政权更迭频繁，其政府对于日本侵略战争的态度摇摆不定，针对中国和韩国的经济措施变动频繁，导致中日、韩日关系也随之变换。韩国尹锡悦政府时期，政治经济态度与以往有较大变化，更偏向于美国和日本，对华态度也趋向紧张。多重因素作用下，中日韩三方经济合作的意向也复杂多变，不利于东北亚区域经济合作进程。从日韩关系来看，2018年以来，日韩关系围绕"强征劳工案""慰安妇索赔案""出口管制措施"等事件而陷于历史、经济、安全领域全面摩擦的低谷。但是韩国尹锡悦政府时期日韩关系逐渐改善，2023年韩国和日本时隔4年相继重新将对方纳入优待措施对象国"白名单"，两国关系明显回暖。从中日关系来看，日本近年提出了"印太战略"并不断加强经济安全保障措施，对中国始终持有警惕态度，且追随美国的步伐主张对华"脱钩"，其主导的CPTPP对于RCEP也产生一定的竞争性，导致中日关系持续紧张。从中韩关系来看，韩国在经济上跟随美国和日本的步伐对中国实施半导体等领域的围堵，中韩关系也遭遇低谷。

在上述因素影响下，中日韩三国机制对接进展缓慢，区域经济合作进程受阻。例如，2008年正式形成的中日韩三国领导人会谈机制每年在与会三国内轮流举行，2019年第八次中日韩领导人会议在中方举办。此后，受到疫情的突发以及韩日、中韩关系不断变化等影响，三方会谈暂时中止。2023年7月，中日领导人就恢复三国会谈达成共识，但韩国方面仍未表态，三方会谈能否顺利展开仍未可知。值得一提的是，中日韩关系的波动也制约了中日韩FTA谈判的进程，中日韩FTA谈判经历数载仍未达成，韩国反而开始将工作重心放在加入CPTPP上，对中日韩FTA的重视程度有所下降。

4）美国等大国因素干预掣肘

美国虽然并不属于东北亚区域，但是在东北亚区域各类事务中总能看到其身影。东北亚区域拥有发展潜力巨大、迅速崛起的中国，经济和科技实力强劲的日本、韩国，以及作为能源大国和军事强国的俄罗斯，具有重要的战略地位和巨大经济发展潜力，一旦深度合作形成合力，将会冲击美国的地位。美国不断以经济、政治、安全等多重手段涉足东北亚区域经济合作，试图阻挠东北亚区域经济一体化进程来维护自身利益。

具体而言，美国的干预掣肘主要表现在以下几个方面：一是在经济层面，美国以市场管制为主要手段，以建立经济伙伴关系为纽带，影响东北亚区域经济合作。美国拥有巨大的内需市场，是东北亚各国的重要贸易伙伴。美国利用这种贸易依赖性来限制相关国家的经济发展，例如，迫使日本签署"广场协定"，挑起中美贸易争端，对俄罗斯实施经济制裁等。同时，美国主导启动"印太经济框架"，联合日本、韩国等印太国家扩大其地缘政治影响力。相关措施都对中国以及俄罗斯具有排他性，特别是将合围中国作为重点目标。二是在政治层面，东北亚区域的领土纷争背后往往有美国在推波助澜。例如，美国在"北方四岛"问题上支持日本，对中俄领土安全带来威胁，破坏东北亚区域国家特别是日韩与中俄之间的政治关系。三是在安全层面，美国与日本、韩国缔结军事同盟，在日韩拥有驻军权，打着维护军事安全的幌子在亚太地区部署前沿军事基地并开展联合军演，还向日、韩出口先进武器装备，旨在威慑中俄以及随时介入东北亚安全事务，加剧东北亚区域安全风险。美国持续强化与日韩的同盟关系，2023年8月的美日韩三国领导人峰会上，三国强调将强化安全合作，意图将美韩、美日双边同盟发展为美日韩三边同盟，以谋求确保对中俄朝的遏制态势的措施，极有可能进一步激化东北亚区域的对峙格局。

6.2　基于RCEP的东北亚区域合作推进机制

东北亚区域合作起步于20世纪90年代，随着冷战结束，东北亚地区国家之间关系得到缓和，为东北亚区域合作创造良好契机，但该阶段合作仍处于探索时期，除图们江开发外，东北亚国家之间达成的合作较少，合作水平较低。21世纪后，东北亚区域合作出现实质性进展，在共建"一带一路"倡议下，中蒙俄经济走廊等次区域合作相继达成，围绕建设中日韩FTA的谈判也不断展开。

6.2.1 RCEP与东北亚区域合作区间的机制安排

1）目标设定

RCEP是推进东北亚区域合作的催化剂，能够加速推进东北亚国家间的交流与合作。因此，构建RCEP与东北亚不同区域合作区间的机制即目的。随着RCEP的实施，一方面，对东北亚区域产生新的合作可能性进行预测并制定准备策略，最大限度利用RCEP促进东北亚国家经济合作，从而不断达成更多自由贸易协定或次区域合作；另一方面是建立事后应对机制，尤其是制定风险应对策略，提高抗风险能力。RCEP在带来机遇的同时也会产生更大的竞争，东北亚国家面对竞争关系应及时处理，制定相应的协调机制等。

2）指标与模型构建

RCEP与东北亚区域合作的机制可以通过构建指标对机制的运行过程、运行效率及运行结果进行评价。结合已有相关研究文献，主要从经济效益的角度构建机制评价指标：一是以东北亚区域经济合作发展历程、现状及特征为切入点，深入剖析东北亚区域经济合作所面临的机遇与困境。二是基于2013—2021年中国、日本、韩国、俄罗斯、蒙古国等东北亚五国与RCEP成员国货物贸易格局，运用时变随机前沿引力模型实证研究东北亚五国对RCEP成员国的出口贸易效率，并从横向时间趋势和纵向国别差异两个视角予以对比分析，以期为东北亚国家与RCEP成员国的贸易合作提供参考。

3）机制设计

借鉴国际先进的合作机制及推行经验，结合RCEP与东北亚具体情况与未来发展前景，建立更加完善的合作机制。首先应了解RCEP与东北亚区域合作基本概况，确定影响机制的因素；其次通过设想机制运行过程，设立合作机制的理想目标，在机制实施过程中同时注意协调信息，处理遇到的困难；最后对整体机制进行评价，完善低效、不合理的环节，使机制运行畅通、操作便捷、运行高效、实现目标。

6.2.2 RCEP的东北亚区域合作推进机制方向及可行路径

本书对于RCEP生效后东北亚不同区域合作的推进机制方向与可行路径基于四个角度的考虑：一是东北亚区域合作符合各国国家利益，是东北亚区域合作机制形成的基础；二是RCEP下贸易与投资自由化水平提高对东北亚区域经贸合作的影响机制；三是RCEP下区域一体化水平提高对东北亚区域合作的影响机制；四是"RCEP+""中日韩+X"双重模式强化东北亚区域合作的制度机制建设。

首先，出于国家经济或安全方面的考虑，国家之间达成合作并形成区域范围的合作，其根本目的是维护及满足国家利益。因此，东北亚国家进行区域合作均以本国利益为行动基础，但若仅考虑自身利益则难以达成合作，应设计构建稳定且互惠互利的合作机制，使其更加合理、高效与完善，从而通过合作使所有成员国受益。同时还能够利用该机制减轻合作过程中产生的风险，提高风险应对能力，促进区域合作过程中经济发展与价值融合。

其次，RCEP贸易与投资壁垒减少、自由化水平提高，大大推动了区域间贸易与投资合作。随着RCEP在各成员国内逐渐生效，关税大幅减让，贸易便利化水平提高，外商投资负面清单减少等极大程度上促进区域内货物与服务贸易规模扩大，贸易往来更加频繁，进而有利于RCEP区域内国家贸易与投资合作。东北亚区域合作应以经贸领域为合作重点，加入RCEP的东北亚国家可以利用RCEP优惠的规则与先进的制度，推动东北亚区域与次区域合作。

再次，RCEP有利于实现区域内经济整合，提高区域一体化水平，减少或消除区域内合作阻碍。RCEP能够加强区域一体化，实现成员国之间合作互利互惠，促进区域内经济交流与合作，从而推动东北亚不同区域合作间机制安排建设。此外，在构建该机制与实施路径时，应注意避免区域一体化带来的负面影响，主要是由于区域内优惠制度导致成员国与区域外国家贸易往来减少，即发生贸易转移效应。同时还应给予东北亚发展中国家更多援助，以解决发展中国家在合作中的劣势地位。

最后，通过RCEP推动"RCEP+""中日韩+X"双重模式发展，强化东北亚区域合作的制度机制建设。一方面，随着RCEP规则的实施，东北亚国家可以在本国先试先行，建设RCEP多领域合作示范区，创新制度建设，打造"RCEP+"的发展模式。另一方面，RCEP生效后，间接达成了中日韩FTA。中日韩三国之间贸易往来历史悠久，互为彼此的贸易伙伴大国，RCEP的实施将进一步扩大中日韩贸易规模，是推动中日韩FTA达成的重要节点。2018年5月第七次中日韩领导人会议上首次提出"中日韩+X"这一概念，通过"中日韩+X"推动三国在经济、环保等多领域的合作，还应发挥带动周边发展与合作的作用。因此，"RCEP+"与"中日韩+X"叠加为东北亚区域合作提供了强有力的制度保障与实现路径。

6.2.3 探寻加快推进中日韩FTA建设的机制

1）发挥RCEP优惠关税规则的示范作用

RCEP下中日韩三国之间的关税承诺为中日韩FTA制定关税税率提供重要参考。因此，中日韩三国应探索进一步增加三国关税减让幅度的可能性。统一关税税率有利于促进区域内贸易公平，提高贸易自由化程度。由于RCEP不对区域内成员国设置统一的关税税率，15个成员国中包括中日韩共有7国使用不同的关税减让表，这将导致RCEP关税减让承诺实施后，区域内一部分国家在关税方面受到差别待遇。虽然RCEP协定第二章第六条关税差异这一规则针对上述问题制定了解决方案，但中日韩适用于规定中的产品种类较少，其中，中国为82种产品，日本为100种产品。然而，若实行统一的关税减让承诺，则可能造成所有成员国贸易自由化水平反而降低的风险，且商讨难度较大。因此，在建设中日韩FTA时可以采取从低适用原则征收关税，扩大适用于关税差异规则的产品覆盖范围，提高区域内整体贸易自由化水平。

2）构建强韧区域供应链

构建更加坚韧的区域商品供应链是中日韩FTA建设的重点内容。中日韩FTA下关税减让安排与统一的原产地规则能够降低三国之间生产资料交换的金钱与时间成本，提高区域内产业链运行效率，构建坚韧的区域供应链。首先，中日韩三国应协商制定透明的贸易与投资规则，确定加强供应链韧性的重要产品种类并定期进行更新。其次，增加出口产品国内增加值有利于提高区域供应链韧性，因此中国应加速推动产业结构转型，从根本上提高企业创新能力，增加产品科技含量，把握数字经济、绿色经济等前沿趋势以提高出口产品的国内增加值。最后，供应链相关政策考虑不应仅聚焦国内，应将更大的着力点放在国际。与海外企业保持密切联系是构建供应链的基础，中日韩应利用RCEP在更广阔的范围内寻找适合建立供应链的对象国，收集并共享国际市场信息，鼓励企业间商业合作与共同研发，加强供应链上国家的经济安全保障。

3）降低数字贸易成本，维护信息安全

一方面，为降低数字贸易成本，三国应大力支持并推广中日韩FTA无纸化贸易规则。中日韩FTA下建立原产地电子信息交换系统，电子化签发原产地证书等措施有利于提高贸易便利化水平。中日韩FTA应跟随RCEP的步伐，实施贸易手续一体化，使用电子化文件时应努力做到让更多贸易手续相关文件可以跨国、跨组织使用单一窗口机制，进一步消除贸易过程中的障碍。另一方面，为维护信息安全，防止数据泄露滥用，中日韩FTA应建立对线上个人信息保护、国内监管及透明度等规则，要保障已发放的证书、证件真实性及原本性。因此，为提高电子贸易文件管理系统的可信度，中日韩FTA区域内成员国可以采取二维码、区块链等技术手段，防止在系统中保管的文件数据被篡改，收录进出口企业信息及产品内容等。

"RCEP+东北亚"区域共包括东盟10国以及中国、日本、韩国、澳大利亚、新西兰、俄罗斯、蒙古国和朝鲜共18个国家，根据世界银行数据库最新数据计算可知，由于朝鲜数据缺失，以除朝鲜以外的17个国家为例，2022年"RCEP+东北亚"区域生产总值占全球31.5%，服务贸易国际市场占有率达14.5%。服务贸易是全球扩大开放的关键领域，"RCEP+东北亚"区域具有重要合作潜力，加强中国与"RCEP+东北亚"国家服务贸易合作对中国探寻"RCEP+东北亚"推进中国东北经济外循环的路径，使东北充分释放向东北亚开放潜能，深度融入全球化，实现东北经济高质量发展有重要的现实意义。

6.3 基于RCEP的中国东北经济推进机制

中日韩是世界上重要经济体，三国之间贸易投资关系非常紧密。中国东北与日韩合作空间巨大，产业互补性强，产业链联系紧密，RCEP框架下中日韩达成首个自由贸易协定有利于扩大中国东北与日韩经贸合作，促进中日韩FTA早日达成，进一步整合东亚产业链与供应链，而且对引领国际经贸规则的制定具有重要现实意义。

6.3.1 关税减让有利于扩大贸易规模

首先，RCEP框架下关税减让有利于中国整体经济发展，提高人民生活福利水平。通过上述分析可知，关税减让将扩大中日韩贸易合作，提高中国对外开放水平，从而推动经济发展。RCEP下关税减让有利于中国改善贸易条件，扩大贸易规模，促进GDP与福利水平的提高，且关税减让力度越大越能增加中国的利益。而且，关税减让有利于扩大中国具有比较优势产品的出口。中国对日本和韩国以出口劳动密集型的中间产品为主，日本和韩国则向中国出口高附加值零部件，在中国进行加工组装后将产品出口到第三国，以中国为中心的三角贸易构图形成并迅速发展（增川智咲，2020）。与日本和韩国相比，中国特别是中国东北在出口农产品和劳动密集型工业品方面具有比较优势，而日本和韩国在出口资本和技术密集型工业品方面具有比较优势，双边关税削减必然会对国内不同产业产生差别影响。日韩两国大幅度、大范围削减和取消工业品关税不仅有利于降低中国东北此类产业进口成本，增加出口产品数量，还能够加强中国东北与日韩产业链合作，实现共赢。

其次，从长远看，关税减让可为中国东北带来巨大经济与社会效益。熊谷聪和早川和伸（2021）利用一般均衡模型，推算了加入RCEP对成员国经济的影响。结果表明，RCEP框架下中日两国首次缔结自由贸易协定能够给中日带来巨大经济效益。虽然关税的减少并不一定在RCEP生效后马上显现出巨大效果，但从长期来看，其带来的经济效益不容小觑。此外，关税减让还有利于提高中国东北企业生产力和增加区域内就业。RCEP下形成了利用关税减让提高对外贸易开放度，以提高全要素生产率的影响机制。中国东北企业可以利用关税减让降低进出口成本，增加企业利润，提高员工工资待遇；从而有利于企业增加劳动供给，刺激民间消费需求。劳动供给的增加又进一步促进企业生产率与创新能力再提升，企业所得增加部分可以再次用于扩大投资生产，最终在中国东北形成经济持续良好发展的循环机制。

再次，RCEP有利于提升中国东北企业利润率与对FTA的利用率。日本、韩国与中国东北贸易基础良好，且相互之间贸易的依存度较高，日本与韩国既是东北重要的加工进口来源国，也是东北加工出口主要受惠国之一。以辽宁为例，辽宁地处中国东北最南端，临近日韩，有大连港、锦州港等港口，沿海交通便利，经济发展在东北三省一直处于领先地位。辽宁与日韩贸易往来历史悠久，对日韩两国的贸易额达到辽宁对外贸易的一半以上。RCEP框架下中国承诺对日本和韩国的农产品、工业产品和非电动机械的零关税覆盖率均超过80.0%，给予两国主要出口产品较大关税优惠，有利于提高中国东北、日韩本土企业利润率。此外，关税减让有利于提高东北与其他国家双边FTA的利用率。目前东盟与韩国、中国与韩国的FTA利用率与韩国与欧美国家的FTA利用率相比较低，仍亟待提升。而RCEP下包括关税及原产地等货物贸易规则将有助于中国东北出口贸易的发展，提升东北与RCEP成员国之间的FTA利用率。

最后，RCEP框架下中日韩首次建立FTA关系能够为中国东北带来经济效益。RCEP框架下关税减让将助推中日韩经济发展，预计至2030年，15国中GDP增长最多的是日本，其次是韩国和中国。若日本或中国不参加RCEP，协定覆盖中日韩三国区域贸易所带来的优势也会消失，中日韩三国GDP都将受到负面影响，其中GDP减少最多的依旧是日本（熊谷聪、早川和伸，2021）。因此，RCEP框架下中日韩首次达成事实上的FTA是三国获得经济效益的关键，将增强中国东北贸易与投资的活力，带动东北区域经济发展。2002年，在中日韩三国领导人峰会上首次提出中日韩FTA设想，2013年3月在韩国举行了中日韩FTA第一轮谈判，至2019年11月三国共进行了16轮谈判。中日韩三国在亚洲乃至世界占据重要经济地位，建设中日韩FTA能够整合三国资源，形成优势互补，探索经济体共同发展新模式。构建RCEP与高水平的中日韩FTA有利于强化中国东北与日韩的经贸合作，提高东北经济实力与国际影响力，推动自由贸易制度的发展，扩大供应链与生产链。RCEP成功签署有助于深化中国东北与日韩经贸合作，而且其谈判经验有助于降低中日韩FTA的沟通和博弈成本，为日后达成更高水平的中日韩FTA进而提高东北对日韩的对外开放水平奠定基础。

6.3.2　原产地规则有利于区域价值链重构

首先，日韩等发达国家企业的对外直接投资深化了东亚区域一体化程度，区域一体化程度加深有利于生产要素在区域内的自由流动，促进投资自由化水平的提高与区域价值链重构。RCEP生效后，各成员国通过资源优势互补，有利于优化区域价值链。尤其是原产地规则能够改变国家间资源配置，从而影响中日韩三国区域内价值链构建。21世纪以来，发达国家将劳动密集型生产环节转移到发展中国家，国际分工进一步深化，形成了北美、欧洲和东亚价值链。2000—2017年，中国逐渐取代日本居于东亚地区价值链中心地位，对北美区域价值链依赖度降低，三国增加值贸易发展迅速，形成中日韩区域价值链（施锦芳、隋霄，2021）。目前，世界高端制造业生产网络重心已转移到中日韩，虽然中国制造业在全球价值链的分工地位不断提高，但全球价值链参与度与国际竞争力仍低于日韩，三国产业具有较强的互补性，也构成了三国生产与贸易合作的基础。RCEP统一了区域内原产地规则，有利于中日韩贸易自由化水平提高与资源优化配置，形成处于上游的日韩企业设计研发产品，处于中游的中国生产技术复杂度较高产品，处于下游的东盟等劳动力成本较低的国家制造组装这一更加完整的产业链，并在此基础上不断深化、细化区域价值链。

以吉林长春市汽车产业为例，受疫情影响，一汽大众长春生产基地遭受较大打击，但自复产以来，长春一汽大众提高生产效率，2022年4—5月不断刷新产能历史纪录。长春一汽旗下多家汽车品牌国内外设立分公司并建厂生产销售，逐渐占据中国与国外市场。长春汽车工厂生产汽车及零部件的同时也从日本进口高端钢材、机械、汽车及零部件等，RCEP生效后，中日两国之间的关税承诺生效，虽然关税优惠范围目前还未涵盖整车产品，但长期内，生产汽车所需零部件及机械设备的关税税率将逐步下降。RCEP生效后5年，中国从日本进口汽车发动机、钢材零部件等关税税率分别降至6.3%和

5.3%；日本从中国进口发动机、货车、客车以及汽车零部件等仍维持零关税税率。此外，RCEP的原产地累积规则有利于长春车企满足原产地判定标准，享受优惠关税，快速通关，吸引日本车企在长春投资设厂，优化产业布局与结构，扩大长春与日本的汽车产业链供应链的协同效应。

其次，原产地规则可能限制区域外国家进入区域内贸易，一定程度上阻碍了资源的自由流动，影响资源最优化配置。复杂的原产地规则还会带来较高的使用成本，对区域价值链重构产生负面影响。但是，RCEP原产地规则宽松灵活，判定原产货物的主要规则为整件生产标准与实质性改变标准，降低了产品获得原产地资格的门槛，有利于中国东北生产商在区域内进行资源整合与配置，提高整体福利水平。并且，区域价值成分标准、加工工序标准和累积等判定原产货物标准能够促进中国东北在原材料采购、生产和销售过程中形成产业链与供应链，使区域内产业布局更加合理，最终推动中国东北与日韩区域价值链重构（刘滢泉，2019）。

最后，便捷的贸易程序有利于降低中国东北企业贸易与合作成本，推动区域价值链构建。RCEP规定在允许范围内，成员国海关采用应用信息技术提高通关效率，倡导无纸化贸易文件管理。原产地证书申请签发流程利用网络电子技术，实行从申报到打印全程电子化模式，并颁发电子原产地证书。RCEP还要求海关提高电子原产地证书管理水平，提高企业对电子签发系统利用率。原产地证书电子化能够带来两个最明显的好处：一是减轻原产地证书颁发机构的压力。原产地证书颁发机构主要承担原产地证书申请者申报、审查出口产品的原产性及受理原产地证书申请与签发等三个业务。原产地证明电子化后，相关机构仅需审查出口产品的原产性即可。二是提高原产地证明办理效率，降低申请者办理成本。申请者申报原产地证书及对出口产品原产性的审查具有数月至数年的有效期，办理频率较低，而机构受理和签发原产地证书是出口所必须办理的手续，办理频率较高，且需要申请者本人到当地相关机构办理。线上办理原产地证书的受理与签发能够简化上述程序，大

大节约了人力成本与办理手续所需时间。目前，中国已与韩国在中韩 FTA
中实现原产地证书电子联网，出口时双方企业无需向海关提交纸质版原产地
证书。中国与日本虽未实现原产地证书电子联网，但 RCEP 下，中日企业可
自助打印原产地证书，原产地证书的获取更加直接便利。中国东北与日本、
韩国进行货物贸易时可以享受减少单证数量，降低对商品的实地检验和检查
比重，加快货物放行速度，减少一定期间内进出口货物海关申报次数等便利
条件。高效便捷的海关程序及贸易便利化措施有利于减轻原产地规则产生的
贸易壁垒，进而抑制由于原产地规则限制导致的企业对 RCEP 利用率的下
降，推动区域价值链构建。

6.3.3 服务贸易与投资规则有利于拓宽合作渠道

　　RCEP 的生效实施在一定程度上反映了服务贸易和投资规则重构和自
由化的方向，有助于打造中国东北国际经贸合作新增长点，推进东北深度
参与亚太区域合作。从服务贸易来看，以黑龙江、辽宁和吉林为例，中国
东北聚焦服务贸易方面的发展将成为新的突破口。服务业是发展服务贸易
的基础和条件，近年来，中国东北服务业发展进程不断加快，2022 年中国
东北黑龙江、吉林、辽宁第三产业增加值占生产总值的比重分别为 48.1%、
51.7%、50.5%。但是，各省份第三产业增加值比重均低于全国平均水平
52.8%。由此可见，尽管中国东北服务业增加值比重相对可观，但相比于
其他发达省市来说，服务业发展稍显不足，服务贸易总量仍有待提高。服
务贸易结构欠优仍然是制约中国东北服务贸易发展的突出因素。当前，中
国东北服务贸易主要集中在运输、旅游、劳务合作等传统行业，在金融保
险、教育医疗、信息传输、软件、信息技术服务业等新兴领域服务贸易发
展较为滞后。而部分 RCEP 成员国尤其是日韩具有高质量技术和服务优势。
伴随 RCEP 生效，中日韩三方市场将进一步扩大开放，中国东北服务贸易
开放领域将更加广阔，未来以下领域将成为中国东北加强与日韩经贸合作

的重点。

一是医疗康养行业。随着中国经济社会的不断发展，老龄化问题也成为中国东北不得不面临的严峻事实。第七次全国人口普查数据结果显示，中国东北已经进入深度老龄化阶段，辽宁、黑龙江和吉林65岁及以上人口占比分别达到17.4%、15.6%和15.6%，位列全国各省区排名前十。其中辽宁更是位列全国各省区第一，向超老龄化社会迈进。同时，新冠疫情影响下健康理念成为主流，消费潜力得以进一步释放，现阶段中国东北对养老服务需求迫切，康养项目也愈发受到重视，产业发展即将迎来新的机遇和增长期。日韩康养产业较为发达，在健康体检、医疗美容、康复护理、智能辅助等方面具有较高的技术水平和经验，合作潜力巨大。根据RCEP规定，中国将提高日本重点关注的老龄人口服务业的承诺水平，未来中国东北可借助RCEP医疗贸易合作枢纽，扩大医疗、养老等服务业开放，共同开发智慧康养平台、医疗保健及康养护理用品等，进一步扩展将康养与医疗、旅游、休闲、研学、互联网等融为一体，提升中国东北医疗康养服务水平。

二是文旅产业。中国东北拥有独特的地域文化，生态类型多样，旅游资源禀赋较高，《东北地区旅游业发展规划》中明确提出要将东北打造成世界级冰雪旅游度假地、全国绿色旅游发展引领地、边境旅游改革创新样板地、跨区域旅游一体化发展实践地。可见，中国东北具有发展高品质旅游服务的基础与潜力。其一，RCEP明确规定了成员国间与商务活动有关的人员流动政策，RCEP各成员国公民进入中国东北进行商业旅行类交流活动将更加便利。其二，RCEP是当前中国签署自由贸易协定中涉及知识产权最全面的协定，RCEP知识产权在版权、专利权、商标权、地理标志、外观设计等方面均有明确规定。中国东北可借助知识产权相关规定更好地参与地方文化建设，打造特色旅游产业品牌，强化对中国东北传统民俗文化的保护，同时进一步巩固已有的区域旅游多边合作机制，为中国东北拓展和巩固亚太市场提供了新的机遇和空间。

三是数字经济产业。随着大数据、互联网以及 4G 等信息通信技术的应用普及，数字经济已经延伸至社会生活的各个方面，成为经济高质量发展的新引擎。中国自党的十九届五中全会以来，也将发展数字经济上升为国家战略，不仅在国内广泛发布各类指导性纲领和政策性文件支持发展数字经济，在国际经贸活动中同样深刻聚焦数字经济。中国提出促进数字时代互联互通倡议，并申请加入 DEPA，这些举措表明中国对于数字经济合作建设发展高度重视。中国东北在发展跨境电子商务、承接国际离岸服务外包业务等方面具备良好基础和条件。RCEP 中的服务贸易信息机制、电子商务对话机制、原产地累积规则、知识产权保护等规则将对于中国东北跨境数字贸易发展提供良好机遇。未来中国东北可依托 RCEP 平台在沈阳、大连、长春、哈尔滨等重点城市加强与 RCEP 成员国数字产业合作，着力推动中国东北产业数字化转型，使数字经济成为中国东北对外服务贸易合作的突破点，成为中国东北实现高质量发展的着力点。除以上三种产业外，RCEP 在证券金融服务业、房地产服务业、运输业等方面均作出了较高水平的开放承诺，有助于优化中国东北服务贸易结构，保证开放的协调性和配套性。

从投资规则来看，RCEP 投资规则保障外商投资的合法权益，推动中国东北利用外资高质量发展。外资营商环境是国内营商环境建设的组成部分，营商环境的整体优劣在一定程度上可以反映出地区竞争力水平。近年来，中国东北利用外商投资规模总体保持快速增长，但外资规模仍然有限。另外，中国东北外商投资主要分布在地产、运输业、中低端制造业、餐饮业等，在新兴高科技现代化产业投资较少，外商投资产业结构不合理。据《中国省份营商环境评价报告》，吉林省、黑龙江省、辽宁省、内蒙古自治区在中国 31个省、自治区、直辖市的排名分别为 20、21、22、25 位，处于中等偏下位置，整体营商环境竞争力偏弱。此外，RCEP 生效所带来的新生产要素将流向国内制度完备、最有发展潜力的省区和城市，落后的省区将很难获得RCEP成员国之间开放带来的新的要素流入，因此中国东北若不能改善营商环境与投资环境，增强外资吸引力，与发达省区之间的差距将进一步扩大。RCEP中包含众多投资保护、投资自由化以及便利化条款，将有效削减国际资本流动障碍壁垒与投资成本，为外国投资者在中国东北投资创造更加稳定、开放、透明和便利的投资环境，减少外国投资者参与国内经济活动的限制，有利于中国东北吸引新的或维持现有的外国资本。同时，以日韩为重点对RCEP成员国进行全链条、集群式精准招商，有助于推动中国东北产业集聚与结构升级。

6.3.4 自然人临时移动规则有利于促进人才流动

第一，有利于拓展商务合作。RCEP自然人临时移动规则简化了签证和居留申请限制，为商务人员、合同服务提供者、公司内部管理人员等提供不同程度的便利措施，延长了境外人员赴华的居留期间，对于中国人赴RCEP成员国也给予便利，便于商务人员的跨国流动。RCEP是中国东北企业对外合作的重要来源地，其规则实施有利于中国东北企业与RCEP成员国企业进行交流合作，增进投资人员访问、洽谈等活动，以进一步带动区域内的贸易和投资。相关人员更加频繁的往来将会使中国东北的市场更加透明化，激活市场竞争活力，带动中国东北企业转型升级，推动经济高质量发展。

第二，有利于促进人才队伍提质扩容。中国东北长期面临人口流失、人口老龄化严重的双重压力，对于劳动力特别是高素质人才缺口较大。RCEP自然人临时移动规则有助于中国东北实现与国际人才市场的需求对接，引进优秀海外人才，满足东北的劳动力供给并吸纳先进管理经验。特别是中国东北可以借机引进日本优势的医疗、养老等行业服务提供者和专家学者，加强双方交流合作，提升本土相应服务供给质量并带动相关产业发展。

6.3.5 知识产权规则有利于激发产业活力

第一，有利于扩大知识产权合作。RCEP知识产权规则增加了保护品类范围，为多样化的知识产权施加了保护措施，帮助企业维护知识产权利益。中国东北相关从业人员可以在打造自有品牌时，申请相关知识产权保护，形成独特品牌优势，培育具有国际影响力的企业。中国东北企业在对外经贸合作中可以利用相关规则保护自身知识产权成果，在国际竞争中防范侵权行为，争取更大经济利益。同时，中国东北企业也可以借此加强与RCEP成员国的知识产权交易，开展技术交流与研发合作，集思广益共同打造创新成果，与RCEP成员国的知识产权合作深化也可以为激活东北市场提供外部动力。

第二，有利于激活创新动力带动产业转型升级。中国东北虽然工业基础扎实，但对比全国而言经济增长乏力，其中经济结构调整不及时为重要原因之一。实现中国东北振兴，需要向智力资源、知识资源要生产力。RCEP规则对知识产权的保护可以一定程度上激发企业的创新动力，提升自主创新及打造自有品牌的意愿，也可以学习借鉴其他RCEP成员国的经验并加以转化，打造具备东北特色的知识产权优势。特别是RCEP新增了保护数字知识产权领域的相应措施，有利于促进数字领域自主创新、推动数字产业等新兴产业的发展，中国东北可以抓住机遇，推动产业结构调整与新旧动能转换，形成新的经济增长点。

6.3.6 数字贸易规则有利于实现数字强国目标

第一，有利于促进数字贸易合作。RCEP电子商务规则有效提升贸易自由化和便利化程度，提升RCEP区域内的商务数字化水平，加速跨境电商的发展。中国东北企业可以利用相关规则促进跨境电商交易，拓展数字贸易动能。一方面，中国东北市场对标的主要为东北亚国家，其中日本、韩国是与中国东北进行跨境电商交易的大国，中国东北可以RCEP为契机深化对日韩的数字贸易往来。中国东北还可以在RCEP下开拓新的电商市场特别是东盟以及新西兰、澳大利亚市场，挖掘RCEP区域内的跨境电子商务增长潜力，增加新的利益点。另一方面，中国东北企业可以依托RCEP的电子认证和签名等条款节约贸易成本、提升贸易效率，利用在线消费者保护、个人信息保护等条款保障跨境电商运营安全，打造良好的跨境线上交易环境，赋能数字经济发展。

第二，有利于实现数字强国目标。后疫情时代，数字经济已成为中国经济未来发展的工作重心之一，跨境电商、在线教育、网上医疗等数字贸易的新业态、新模式的蓬勃发展，5G、物联网、大数据等数字技术的重要性也日益凸显。中国东北企业可以充分利用RCEP政策红利，扩大数字贸易往来，防范数字技术壁垒、知识产权侵权等现象，加强数字技术创新，巩固并提升国际竞争力。同时，东北企业可以在RCEP区域加强资源整合，布局海外仓并以其为节点拓展全产业链服务，满足跨境电商不同模式、不同层次的服务需求，建设自有全产业链跨境交易平台。此外，中国可以通过东北在数字领域的补短板提升国家整体数字经济水平，在全球数字竞争中占据一席之地，增强国际影响力，向数字强国目标更进一步。

7

基于"RCEP+东北亚"推进中国东北经济外循环的对策建议

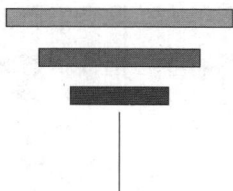

　　党的二十大报告指出"高质量发展是全面建设社会主义现代化国家的首要任务"，必须"坚持高水平对外开放，加快构建以国内大循环为主体、国内国际双循环相互促进的新发展格局"，同时强调要"深入实施区域协调发展战略"。东北振兴战略是中国区域协调发展战略的重要组成部分，推动东北经济高质量发展也需要东北积极融入外循环，发挥高水平对外开放的作用。以"RCEP+东北亚"的国际循环为中国东北经济注入新活力，带动东北经济繁荣稳定发展，需要从以下几方面共同发力。

7.1　扩展中国东北与RCEP、东北亚各国既有合作

　　中国东北应以符合RCEP规则宗旨及目的为标准调整对外经贸合作政策，从而更高效地利用RCEP，减少由于可能产生的贸易摩擦降低加入RCEP带来的利益。中国东北应从以下三方面入手，充分借助RCEP扩展与延伸东北与RCEP成员国及东北亚各国既有合作，创造新领域的合作机遇，实现区域内国家互利共赢。

7.1.1　借助RCEP拓展与成员国合作的广度与深度，实现优势互补

　　第一，中国东北应利用RCEP构建区域供应链，增强国家间联系。RCEP下关税减让安排与统一的原产地规则能够降低中国与RCEP成员国之间生产资料交换的金钱与时间成本，提高区域内产业链运行效率，构建坚韧的国外供应链。中国东北应利用RCEP在东北亚乃至更广阔的范围内寻找适合建立供应链的对象国，收集并共享国际市场信息，鼓励企业间商业合作与共同研发，加强供应链上重要产品的经济安全保障。

　　第二，中国东北应进一步加强对电子原产地证书信息系统的管理以顺利推进无纸化贸易，降低电子原产地证书信息系统成本。RCEP提出建立原产

地电子信息交换系统、电子化签发原产地证书等措施，极大提高了贸易的便利程度。中国东北应跟随RCEP的步伐，继续完善原产地证书信息系统：一是保障已发放的原产地证书真实性，可以采取二维码、区块链等技术手段防止在系统中保管的原产地证书数据被篡改，收录进出口企业信息及产品内容。二是实施贸易手续一体化，努力做到让更多贸易手续相关文件可以跨国、跨组织使用单一窗口机制，进一步消除贸易过程中的障碍。三是提高原产地证书签发的精确度，设置节省人力成本的辅助功能。

7.1.2 丰富"中日韩+X"模式内涵，探究新领域

第一，中国东北应提高出口产品国内增加值，促进产业结构转型。一是应继续推进中国东北产业结构转型升级，重构中日韩区域价值链。中日韩三国在制造业方面分工协作，形成了以加工贸易为主的产业链。其中，日韩在产业链、价值链中位于中国上游，掌握产品的研发设计与核心技术，中国东北企业大多只能负责低附加值生产环节，进一步减少产品的国内增加值。因此，中国东北不仅要提高第三产业比重，还要从根本上提高企业创新能力，增加产品的科技含量，抓住数字经济、绿色经济等前沿趋势，提升中国东北在"中日韩+X"区域价值链中的地位。二是继续加强中国东北与日韩之间的经贸合作，统筹国内外产业布局。通过RCEP构建强韧、透明和安全的区域价值链，增强日韩对东北的信任，增加核心产品供给，从而形成巨大的东北亚市场。中国东北还应促进三国民间企业关于经营与技术方面的交流，鼓励日韩优势企业来东北投资，带动本土企业科技创新发展。

第二，中国东北应利用与日韩贸易和产业的互补性，持续优化贸易方式，拓展合作新领域。中国东北机械制造产品的技术含量不及日韩，加之劳动适龄人口逐渐减少，日韩对工业品的大幅关税取消或减让可能会加剧本土机械制造业的竞争。因此，要由加工贸易向一般贸易方式转变，提高中国东北出口产品中的技术和资本含量，积极借鉴和利用日韩的技术输入，继续推

动东北高端技术产业发展，不断加深现代化产业链向上下游延展，提升中国在国际分工中的地位。此外，中国东北还应积极推进中日韩地方经贸合作示范区建设，在示范区内大力推进中日韩在"旅游+医疗+养老"等现代服务业、新能源新材料等新兴产业及数字化产业等方面的合作。

7.1.3 持续推进次区域合作，重点建设"正式（制度）+非正式"机制

第一，中国东北须推动东北亚数字经济合作，建设数字贸易规则与制度。数字经济是中国未来发展的新赛道，建设数字中国、打造数字产业集群是推动新一轮经济增长的核心驱动力。2022年8月，《数字经济伙伴关系协定》联合委员会成立，中国加入DEPA工作组，DEPA有助于打开中国数字领域合作新局面。因此，中国东北应努力解决目前国内数字贸易领域存在的困难，对接国际高水平数字贸易规则，为加入DEPA与推动东北亚区域数字经济合作做好充分准备的同时，还应注意保护用户个人信息，营造有助于电子商务发展的国内环境，提升数字贸易领域对东北亚国家合作的吸引力。

第二，通过达到CPTPP的高水平制度要求推动东北亚次区域合作制度建设。2021年9月中国正式申请加入CPTPP，与RCEP相比，CPTPP更偏重于新领域的规则及制度问题。加入CPTPP是中国与世界高水平、高标准的经贸规则接轨的重要一环，有利于中国实现由全球经贸规则参与者向制定者的身份转变。中国应在充分理解CPTPP规则的基础上，根据国内情况按照其条款规定进行改革，努力达到CPTPP的高标准，从而积累经验，在推进东北亚区域经济一体化过程中制定更为完善的合作机制。

7.2 "RCEP+东北亚"联动促进中国东北经济外循环

实现"RCEP+东北亚"联动，既需要利用好RCEP生效实施的重要契

机，又需要发挥东北亚已有次区域合作机制的基础性作用。同时，"RCEP+东北亚"以中日韩三国为重叠国家，可以依托中日韩FTA为纽带促进联动进一步深化，共同推动中国东北面向"RCEP+东北亚"区域拓展外循环，赋能东北振兴。

7.2.1　探究RCEP与东北亚次区域合作的基础性作用

第一，发挥RCEP政策红利，促进中国东北深度融入全球产业分工和合作。RCEP是全球最大的自由贸易区，其落地生效必将给区域经济带来巨大发展空间，也为中国东北经济外循环增添新动力。从国别来看，RCEP成员国中的日本、韩国与中国东北的地理位置毗邻、经济合作基础深厚；从RCEP规则条款来看，RCEP通过高水平的贸易协定为中国东北经贸带来了周边国家更多的合作意向和机遇。中国东北可以利用RCEP引致的巨大政策红利，与RCEP成员国深化生产分工合作，深度嵌入区域产业链、供应链和价值链，依托国际循环来加强与日韩以及东北亚区域甚至全球的融合发展，推动构建国内国际双循环相互促进的发展格局。

第二，以东北亚次区域作为重点，将中国东北打造成为面向东北亚开放的新前沿。通过次区域合作，中国东北各省区可以充分挖掘自身优势，筑牢与东北亚各国的合作基础。具体而言，在"大图们倡议"下，以吉林长吉图先导区为建设重点，以珲春、长春等城市为关键节点，充分利用老工业基地、国家重要商品粮基地、沿边近海、民族文化等优势，发挥辐射作用带动图们江区域合作深化。在中蒙俄经济走廊建设下，利用好黑龙江、内蒙古与蒙古国、俄罗斯的漫长边境线以及重要边境城市，在共建"一带一路"倡议框架下加强沿边合作。辽宁则作为中国东北面向日韩开放的重要窗口，通过大连港等港口积极打造东北亚航运中心，服务于东北亚各项次区域合作机制。

7.2.2 发挥中日韩FTA在"RCEP+东北亚"过程中的纽带作用

第一，深化中日韩合作，以节点国家带动"RCEP+东北亚"区域联动。中国、日本、韩国三国是联动"RCEP+东北亚"的关键所在，经济合作机制更为丰富，具备拓展合作框架实现"RCEP+东北亚"联动的能力，与俄罗斯、蒙古国、朝鲜等其他东北亚国家合作密切。中日韩三国可以发挥模范带头作用，以大国力量带动区域合作的意愿，引领"RCEP+东北亚"区域的整合步伐。特别是中国可以依托共建"一带一路"倡议，深耕日韩，促进东北亚国家和RCEP成员国在共建"一带一路"倡议框架下凝聚合作共识，在带动"RCEP+东北亚"区域联动的同时，提升中国的国际影响力。

第二，加速中日韩FTA谈判步伐，巩固"RCEP+东北亚"的制度化联结。签署贸易协定是实现区域经济一体化的关键步骤，以制度化手段形成区域经济合作的共识。中日韩FTA可以通过"RCEP+东北亚"的规则条款，打造更加开放的营商环境，大幅提振中日韩三国经济增长与经贸往来，促进生产动能释放，也会对相应的原材料、零部件等产生更大需求，从而扩大与其他东北亚国家之间的贸易规模。东北亚其他国家也可以通过中日韩FTA为纽带，推动区域共同体建设以扩大自贸区网络覆盖范围。特别是对中国东北而言，可以通过中日韩FTA为轴心来撬动国际循环，循序渐进地完善以周边为基础、辐射共建"一带一路"国家、面向全球的FTA网络，打造共建共享的"RCEP+东北亚"区域大市场，为东北振兴以及中国经济高质量发展注入新动能。

[1] 白洁，苏庆义．《美墨加协定》：特征、影响及中国应对 [J]．国际经济评论，2020，(6)：123-138；7．

[2] 蔡彤娟．新功能主义视野下的中日韩FTA：战略重塑、机制设计与推进策略 [J]．世界经济与政治论坛，2016，(2)：124-140．

[3] 陈慧．RCEP生效后中日双边经贸合作的趋势变化研究 [J]．亚太经济，2022，(2)：19-27．

[4] 陈耸，向洪金．RCEP对全球农产品贸易、生产与福利的影响——基于可计算局部均衡模型的研究 [J]．国际商务研究，2022，43 (3)：30-39．

[5] 崔明旭，张蕴岭．东北亚地方经济合作的发展与深化 [J]．学习与探索，2022，(4)：65-71．

[6] 樊莹．CPTPP的特点、影响及中国的应对之策 [J]．当代世界，2018 (9)：8-12．

[7] 方华．东北亚区域经济合作的现状及前景 [J]．现代国际关系，2008 (11)：57-62．

[8] 高敬云，陈淑梅．巨型贸易协定对中国经济的影响——基于TPP、TTIP与RCEP的模拟比较分析 [J]．华中师范大学学报（人文社会科学版），

2017，56（4）：58-68.

[9] 关慧. 新形势下东北亚区域合作面临的新挑战 [J]. 延边大学学报（社会科学版），2014，47（6）：96-102.

[10] 郭成龙. FTA 与 GPA 在国际政府采购市场开放上的协同效应——以 CPTPP 与 RCEP 为例 [J]. 亚太经济，2022（2）：57-62.

[11] 韩博，郑宇轩. 提升沿边开发开放在国内国际双循环中的嵌入度、贡献度和价值链地位 [J]. 学术探索，2022（1）：109-115.

[12] 韩剑，杨凯，邹锐锐. 自由贸易区提升战略下 RCEP 原产地规则利用研究 [J]. 国际贸易，2021，（3）：66-73；89.

[13] 何剑. 东北振兴与东北亚合作联动论 [J]. 东北亚论坛，2004（5）：8-12.

[14] 夏成. 东北建设成为对外开放新前沿的现实基础与路径选择 [J]. 经济纵横，2020（2）：10.

[15] 黄桥立，沈伟. 中小企业走向前台？——区域贸易协定中小企业规则的成型、不足与走向 [J]. 上海对外经贸大学学报，2022，29（6）：58-78.

[16] 江小涓，孟丽君，魏必. 以高水平分工和制度型开放提升跨境资源配置效率 [J]. 经济研究，2023，58（8）：15-31.

[17] 江小涓，孟丽君. 内循环为主、外循环赋能与更高水平双循环——国际经验与中国实践 [J]. 管理世界，2021，37（1）：1-19.

[18] 金祥波. 冷战时期朝鲜的多方位外交 [J]. 人民论坛，2010（23）：66-67.

[19] 李开盛. 对推进中日韩政治与安全合作的思考 [J]. 现代国际关系，2019（4）：22-29.

[20] 李天籽. 中国东北参与东北亚次区域合作的边界效应 [J]. 学习与探索，2014（7）：121-124.

［21］廉晓梅．"10+3"框架下推进东北亚区域经济合作的困境［J］．吉林大学社会科学学报，2007（4）：12-16．

［22］刘冰，陈淑梅．RCEP框架下降低技术性贸易壁垒的经济效应研究——基于GTAP模型的实证分析［J］．国际贸易问题，2014，（6）：91-98．

［23］刘国斌，杨薇臻．中蒙俄交通走廊建设与跨境合作思路及对策研究［J］．东北亚论坛，2021（3）：71-79；128．

［24］刘文．RCEP框架下的中日韩产业合作［J］．亚太安全与海洋研究，2021（3）：93-111；4．

［25］刘瑛，夏天佑．RCEP原产地特色规则：比较、挑战与应对［J］．国际经贸探索，2021，37（6）：86-101．

［26］刘滢泉．后TPP时代原产地规则与全球价值链的互构［J］．哈尔滨工业大大学报（社会科学版），2019，21（5）：27-32．

［27］刘志高，张薇，刘卫东．中国东北三省对外贸易空间格局研究［J］．地理科学，2016，36（9）：1349-1358．

［28］柳福东，于筱宁．比较法视角下RCEP知识产权条款之创新性探析［J］．法制与经济，2023，32（1）：81-85；122．

［29］陆建明，姚鹏．RCEP负面清单制度及中国的发展方向［J］．亚太经济，2022，（4）：144-152．

［30］马涛，徐秀军．新发展格局下RCEP签署与东亚区域经贸合作的中国策略［J］．东北亚论坛，2021，30（3）：60-70．

［31］孟夏，孙禄．RCEP服务贸易自由化规则与承诺分析［J］．南开学报（哲学社会科学版），2021（4）：135-145．

［32］欧定余，田野，张磊．疫情冲击背景下的东北亚区域价值链构建研究［J］．东北亚论坛，2020，29（6）：65-76；125．

［33］潘晓明．RCEP与亚太经济一体化未来［J］．国际问题研究，2021

（5）：108-117.

[34] 庞英. 论东北老工业区对外贸易与经济发展 [J]. 国际贸易问题，2004（12）：35-39.

[35] 祁进玉，孙晓晨. 历史、现状与展望：国内学界关于中蒙俄经济走廊建设及其发展研究 [J]. 青海民族大学学报（社会科学版），2022（3）：85-93.

[36] 钱进.《区域全面经济伙伴关系协定》的经济效应及产业产出分析 [J]. 国际商务研究，2021（1）：86-96.

[37] 秦坤林，高维新. RCEP协定对金砖国家经济影响分析 [J]. 北方经贸，2023，（2）：41-45.

[38] 沈铭辉，张中元. 推进东北亚区域合作的现实基础与路径选择 [J]. 东北亚论坛，2019（1）：64-77；127-128.

[39] 沈铭辉. RCEP在推动东亚区域合作中的作用与新课题 [J]. 东北亚论坛，2022，31（1）：117-126；128.

[40] 施锦芳，李博文. 中国东北四省份与东北亚四国贸易效率及贸易潜力 [J]. 财经问题研究，2021（4）：98-107.

[41] 施锦芳，隋霄. 新冠疫情对中日韩价值链的影响 [J]. 日本问题研究，2021，35（1）：1-10.

[42] 施锦芳，赵雪婷. RCEP关税减让对中日韩经贸关系的影响研究 [J]. 财经问题研究，2022（1）：120-129.

[43] 宋志勇，蔡桂全. RCEP签署对中日经贸关系的影响 [J]. 东北亚论坛，2021（5）：68-82；127-128.

[44] 孙久文，陈超君. "十四五"时期东北区域经济转型路径探索 [J]. 经济纵横，2021（10）：1-10.

[45] 孙忆. CPTPP、RCEP与亚太区域经济一体化的前景 [J]. 东北亚论坛，2022，31（4）：98-113；128.

［46］汤铎铎，刘学良，倪红福，等．全球经济大变局、中国潜在增长率与后疫情时期高质量发展［J］．经济研究，2020，55（8）：4-23.

［47］汤婧．区域全面经济伙伴关系：整合困境及其对中国经济福利与产业的影响分析［J］．财贸经济，2014，（8）：85-93.

［48］王春宇，王海成．RCEP关税减免对我国贸易的主要影响及对策［J］．宏观经济管理，2022（6）：74-81；90.

［49］王厚双，孟霭禾，刘文娜．RCEP框架下创建中日韩综合合作示范区研究［J］．亚太经济，2022（1）：12-19.

［50］王睿，张爱瑜．中国与东盟贸易效率国别比较与竞争优势研究［J］．中国软科学，2022（8）：151-161.

［51］王中美．RCEP对亚洲供应链的影响：兼论"中国加一"策略［J］．亚太经济，2022（3）：19-26.

［52］乌兰图雅．地缘政治对蒙古国外交战略选择的影响［J］．东北亚学刊，2019（6）：132-142；152.

［53］徐坡岭，陈悦．东北亚区域经济合作的制约因素及模式选择［J］．当代亚太，2004（4）：31-36.

［54］许创颖．RCEP背景下中国参与东亚区域经贸合作的路径［J］．价格月刊，2021（10）：24-31.

［55］于鹏，廖向临，杜国臣．RCEP和CPTPP的比较研究与政策建议［J］．国际贸易，2021（8）：27-36.

［56］袁波，王蕊，潘怡辰，等．RCEP正式实施对中国经济的影响及对策研究［J］．国际经济合作，2022，（1）：3-13.

［57］袁波，王蕊．对我国当前推进RCEP谈判的几点思考［J］．国际贸易，2014（1）：53-56.

［58］原帼力，李欣．RCEP对中日韩自贸区建设的影响及推进路径［J］．经济论坛，2021（10）：73-79.

[59] 张季风. 中日经贸关系50年：变迁与前瞻 [J]. 日本学刊，2022 (4)：68-95；161-162.

[60] 张珺，展金永. CPTPP和RCEP对亚太主要经济体的经济效应差异研究——基于GTAP模型的比较分析 [J]. 亚太经济，2018 (3)：12-20.

[61] 张磊，高伊婷，赵彤彤. 东北地区对外贸易时空演化与协同发展研究 [J]. 东北亚经济研究，2020，4 (1)：29-40.

[62] 张礼卿，孙瑾. RCEP投资便利化条款及其影响 [J]. 长安大学学报（社会科学版），2021，23 (2)：24-29.

[63] 张晓通，郝念东，王优酉. 美欧对RCEP的地缘经济认知及其政策调整 [J]. 东北亚论坛，2021，30 (4)：82-94；128.

[64] 赵力纬. 中日韩自贸区发展困境与出路 [J]. 时代经贸，2022，19 (5)：99-101.

[65] 赵亮，陶红军. RCEP框架下中国猪肉进口的贸易创造和贸易转移效应 [J]. 世界农业，2017，(7)：109-118.

[66] 赵儒煜，于亮，娜塔莉亚. 大图们江国际合作回顾与展望 [J]. 社会科学战线，2022 (3)：242-249.

[67] 赵文举，张曾莲. 中国经济双循环耦合协调度分布动态、空间差异及收敛性研究 [J]. 数量经济技术经济研究，2022，39 (2)：23-42.

[68] 周宏春. "东北现象"与振兴之策 [J]. 经济纵横，2017 (1)：13-19.

[69] 周玲玲，潘晨，何建武，等. 透视中国双循环发展格局 [J]. 上海经济研究，2021 (6)：49-61.

[70] 周曙东，韩纪琴，葛继红，等. 以国内大循环为主体的国内国际双循环战略的理论探索 [J]. 南京农业大学学报（社会科学版），2021，21 (3)：22-29.

[71] 朱显平，齐霁. 逆全球化对东北亚区域经济的影响及我国的应对

策略 [J]. 税务与经济, 2021, (4): 74-79.

[72] 祝滨滨. 后危机时期东北亚区域经济合作制度化建设的几点思考 [J]. 经济纵横, 2012 (8): 54-57.

[73] BATTESE G E, COELLI T J. A model for technical inefficiency effects in a stochastic frontier production function for panel data [J]. Empirical Economics, 1995, 20 (2): 325-332.

[74] SHIMIZU K. The ASEAN economic community and the RCEP in the world economy [J]. Journal of Contemporary East Asia Studies, 2021, 10 (1): 1-23.

[75] KOHPAIBOON A, JONGWANICH J. Restrictiveness of RCEP rules of origin: implications for global value chains in East Asia [M]. Indonesia: Economic Research Institute for ASEAN and East Asia, 2022.

[76] OKABE M, URATA S. The impact of AFTA on intra-AFTA trade [J]. Journal of Asian Economics, 2014, 35: 12-31.

[77] PARK C S. The future of the Regional Comprehensive Economic Partnership (RCEP) in the Asia Pacific Region and major economies strategies for the regional economic integration [J]. Journal of APEC Studies, 2021, 13 (2): 65-82.

[78] ROFFE P, SEUBA X, COTTIER T, et al. Current alliances in international intellectual property lawmaking: the emergence and impact of mega-regionals [J]. CEIPI & ICTSD Paper Series. Global Perspectives and Challenges for the Intellectual Property System, 2017 (4).

[79] UTTAMA N P. International investment agreements provisions and foreign direct investment flows in the regional comprehensive economic partnership region [J]. Economies, 2021, 9 (1): 28.

[80] TERADA T. Northeast Asia's realism: fated external influences on

trilateral economic integration ［J］. East Asian Community Review，2018，1：49-59.

［81］関満博. 北東アジアの産業連携：中国北方と日韓の企業新評論［J］. 新評論，2003（1）.

［82］久野新. RCEPを通じた日中韓の貿易自由化：到達点と課題［J］. Erina Report Plus，2021，（161）：9-15.

［83］蛯名保彦. 日中韓「自由貿易協定」構想［M］. 東京：明石書店，2004.

［84］熊谷聡，早川和伸. 地域的な包括的経済連携（RCEP）協定の経済効果：IDE-GSMによる分析［R］. アジ研ポリシーブリーフ，2021.

［85］早川和伸. RCEPの貿易創出効果——原産地規則の観点から［R］. ジェトロ・アジア経済研究所：アジア研リポート，2021.

［86］増川智咲. アジアにとってRCEPは何を意味するか［R］. 大和総研，2020.

［87］中田一良. RCEPの概要と日本への影響——日本、中国、韓国の間で進む関税削減［R］. 三菱UFJリサーチ＆コンサルティング経済レポート，2020.

东北外循环—3，31，34-36

东北亚区域合作推进机制—4，7，171，173

东北亚区域经济一体化—3，35，160，163，165，171，190

RCEP区域—35，53，55，57，59，61，91，103，164，173，185，186

贸易潜力—3-5，7，8，10，28，33，114，117-120，123，124，126，145-147